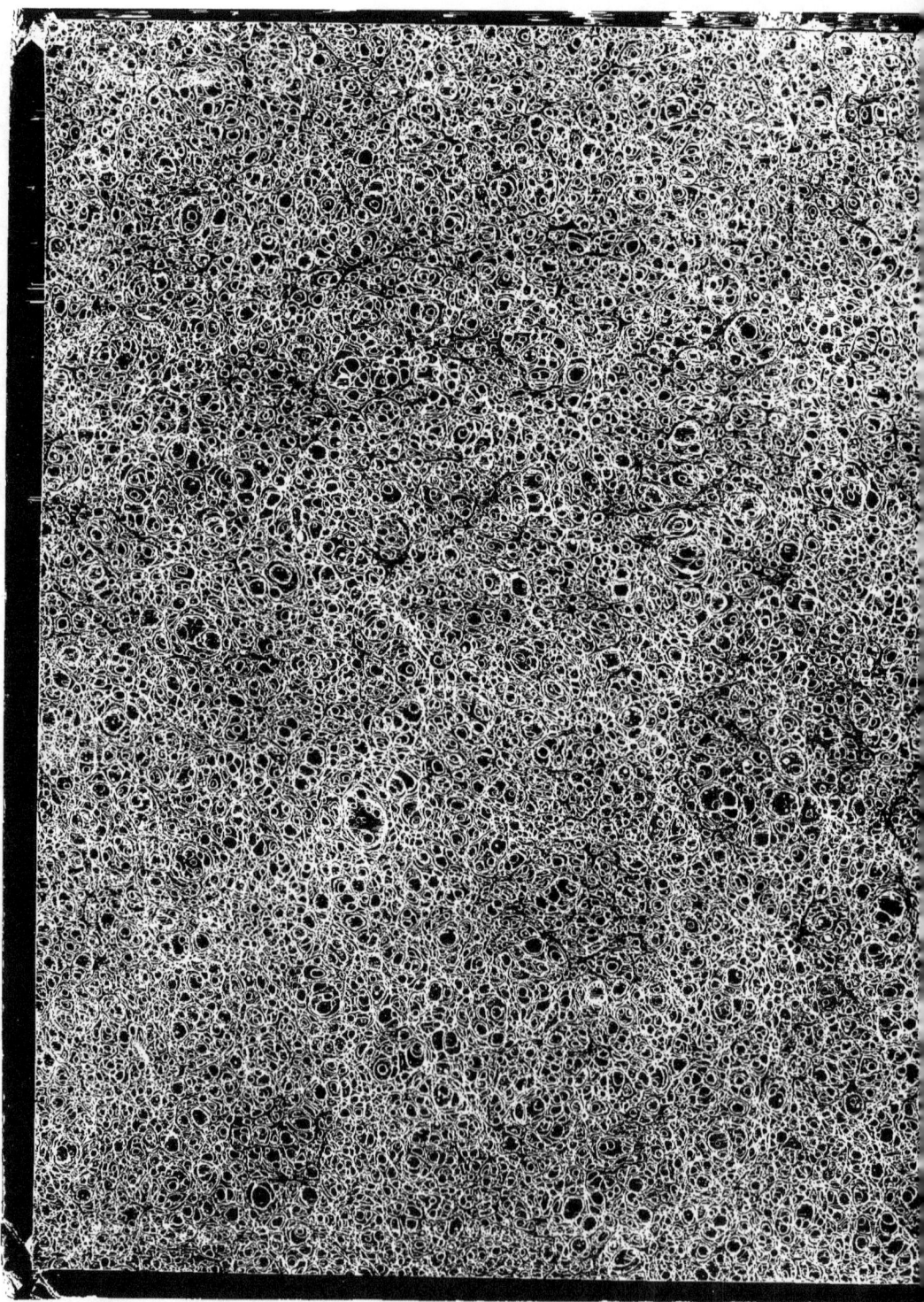

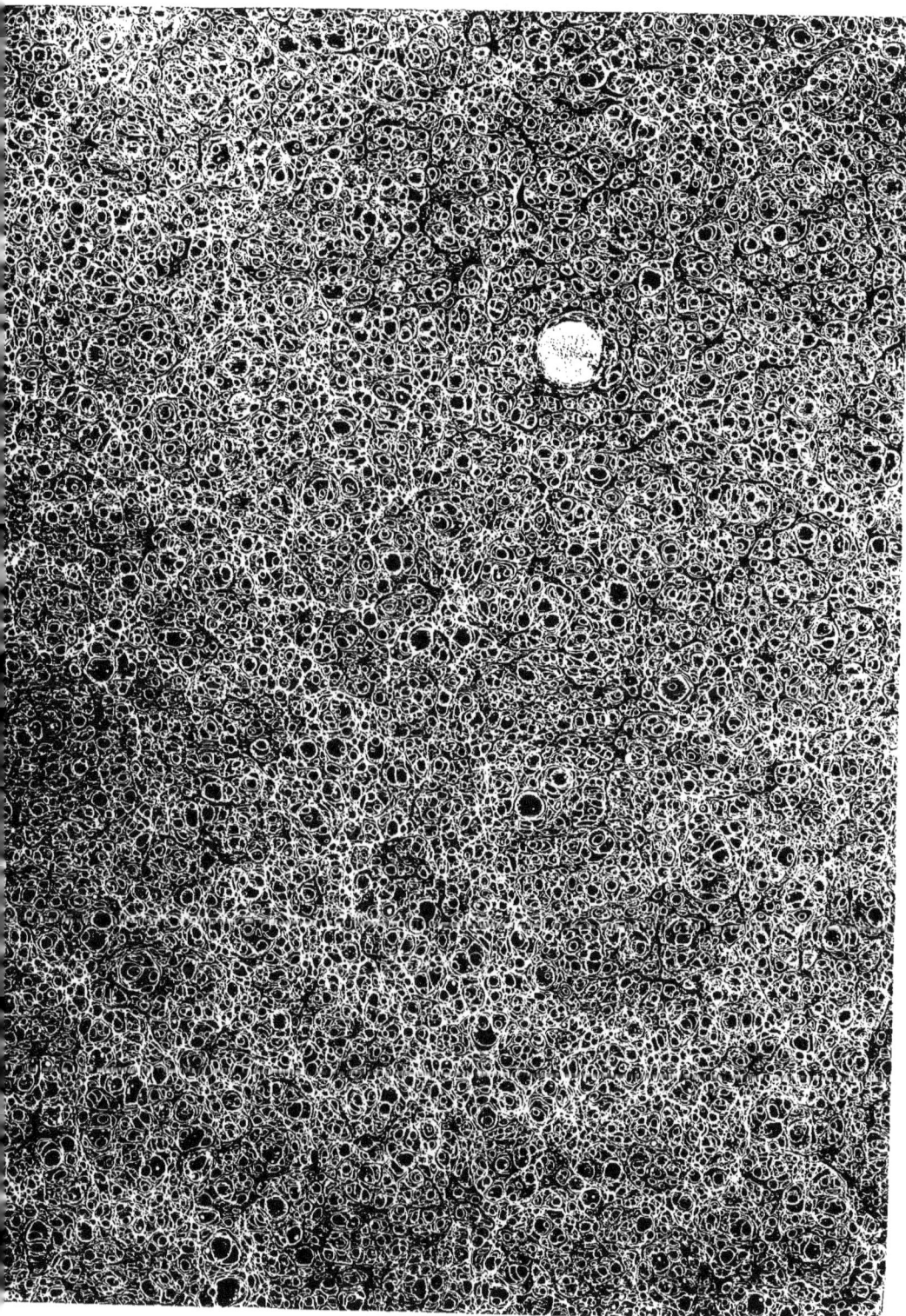

17671

COURS COMPLET

DE PAYSAGE.

PARIS. POUSSIELGUE, IMPRIMEUR, RUE DU CROISSANT, 12.

COURS COMPLET

DE PAYSAGE,

DÉDIÉ

A SON ÉLÈVE ET AMI M. FOSSAU DE COLOMBEL,

PAR THÉNOT,

Peintre , professeur de dessin et perspective, auteur de plusieurs *Traités de perspective ;* l'un des candidats pour la chaire de professeur de perspective à l'école royale des Beaux-Arts , section de l'Institut ; membre de la société libre des Beaux-Arts ; etc. , etc. , etc.

À PARIS,

CHEZ L'AUTEUR, PLACE DES VICTOIRES, 6;

ET CHEZ LES PRINCIPAUX ÉDITEURS, LIBRAIRES, MARCHANDS D'ESTAMPES DE PARIS ET DES DÉPARTEMENTS.

1834.

COURS DE PAYSAGE.

Le *Paysage* est peut-être de tous les genres de peinture celui qui a le plus d'attraits, en ce qu'il nous rappelle des lieux que nous avons visités et qu'on serait quelquefois très heureux de revoir; il nous fait souvenir des plaisirs ou des peines qu'on a éprouvés à l'aspect de certain site ou de quelque endroit qu'on a habité; il nous montre les lieux chantés par les poètes, et nous promène avec eux dans les délicieux jardins créés par leur imagination.

Le paysage se divise en plusieurs sortes de genres différents; mais nous ne le considérons que sous deux aspects : le *paysage-portrait*, ou *vue d'après nature*, et le *paysage composé*, ou réunion de différentes études et objets divers sous un même point de vue.

Le paysage-portrait est, par sa nature, le plus vrai de tous les paysages. Il doit être la représentation fidèle d'un site quelconque; en cela il a un intérêt de ressemblance pour ceux qui le reconnaissent, pour la personne qui a fait l'imitation et pour ceux qui, par des raisons particulières, attachent au lieu représenté quelque intérêt personnel. Cet intérêt dans la personne qui regarde est borné à lui et tient à la personnalité.

Les impressions que ressentent les artistes en dessinant ou en peignant des vues, et en jouissant de l'exacte ressemblance qu'ils s'efforcent de leur donner sont plus intéressantes.

La nature et l'art concourent à l'envi à l'intérêt que leur causent ces représentations.

Aussi est-il difficile à quiconque n'a jamais dessiné ou peint d'après nature de se faire une juste idée de l'intérêt qu'éprouve l'artiste, lorsque, choisissant ou plutôt saisissant avec ardeur une vue bien éclairée, enrichie d'accidents heureux, il se prépare à en faire le portrait. Dès le premier moment qu'il prépare ses crayons ou ses pinceaux il voit déjà l'entreprise terminée au gré de ses désirs; à chaque trait s'accroît un plaisir que rendent plus vif les difficultés qu'il éprouve, les résistances que semble faire la nature pour tromper son empressement, les efforts qu'il redouble pour la saisir, ses jouissances enfin à chaque faveur qu'il en obtient.

Mais la satisfaction la plus complète est celle qu'il goûte lorsque, éloigné du modèle, il est frappé dans le portrait qu'il vient de faire du souvenir d'une vérité de nature qui lui rappelle un endroit qu'il a admiré, ou bien qu'il a rendu avec bonheur un site imaginé.

Voilà l'image des plaisirs que procurent par eux-mêmes et pour eux seuls les arts et la pratique des talents. Et si ces satisfactions sans remords, qui font oublier les maux et les peines, qui font couler le temps avec des mouvements de rapidité si agréables, étaient plus connues, combien diminuerait le nombre des oisifs, victimes de l'ennui, qui s'efforcent de le fuir et le portent partout avec eux!...

Sans aspirer à être artiste, on peut avoir un talent capable de procurer de grandes satisfactions lorsque l'on habite la campagne ou que l'on voyage ; car aux sombres jours d'hiver on est heureux de retrouver dans son portefeuille les endroits qui ont séduit pendant la belle saison : un rocher pittoresque, un groupe d'arbres sur le bord d'une rivière, une réunion de fermes champêtres dans un délicieux vallon. Si c'est au retour d'un voyage, on est fier de posséder la copie des lieux célèbres que l'on a rencontrés.

Mais pour arriver à ce résultat il faut avoir étudié des années, à moins que l'on ne soit tombé entre les mains d'un professeur savant et surtout consciencieux ; car pour le paysage il n'existe pas de méthode satisfaisante ; on fait trop étudier les élèves machinalement. La majeure partie des études de paysage sont bien dessinées, composées avec goût ; mais elles parlent plutôt aux yeux qu'à l'intelligence ; il ne suffit pas de donner de bons modèles et de dire : Copiez ; ceci est trop grand, cela est trop petit ; il faut encore dire par quel motif c'est bien ou mal. Sans cela on ne peut arriver à bien faire qu'à force de peine et de persévérance, ce qui est cause que beaucoup de personnes, après avoir dessiné long-temps, se dégoûtent du peu de progrès qu'elles font et abandonnent un art qu'elles trouvent si ingrat. On évitera toutes ces difficultés, si, en mettant le crayon à la main d'un élève, on lui explique en même temps les principes de la perspective, cette grammaire du dessin, et qu'on lui en fasse faire l'application dans les modèles qu'il copie.

Voici des fabriques à imiter ; il faut toujours que les lignes de ce toit ou de ces croisées soient dans cette direction, parce qu'en les dessinant l'artiste était placé de telle manière ; s'il s'était placé autrement, là, par exemple, la position de ces lignes aurait changé ; voici comme elles seraient. Quand l'élève a compris ce principe, il ne dessine plus la moindre ligne d'un édifice sans se dire, elle doit être ainsi tracée ; et lorsqu'il se trouvera devant la nature, il verra de suite la direction des lignes fuyantes, et il ne fera pas comme certains peintres qui, même en dessinant d'après nature, donnent toujours aux lignes fuyantes la direction inverse de celle qu'elles doivent avoir.

Cette fabrique est éclairée du soleil, elle porte ombre ; son ombre doit avoir telle direction, telle forme, telle valeur. Cet édifice est placé près d'une eau limpide, il s'y réfléchit ; voici exactement sa réflexion. Pour faire tourner cet arbre, il faut que le travail soit disposé de telle manière. On lui apprendra de même à faire avancer les branches, à les enfoncer dans le tableau, à donner aux masses l'aspect qu'elles doivent avoir suivant leur nature et les différents plans qu'elles occupent, etc., etc.

Le Poussin et Claude Lorrain, qui ont si bien représenté la nature, ne se donnaient pas autant de peine qu'on le pense ; ils connaissaient si bien tous ces principes, que les objets se trouvaient naturellement au bout de leur pinceau comme ils l'entendaient. Ces maîtres avaient étudié profondément la perspective, ils la connaissaient dans toutes ses parties ; et leur génie puisa dans cette science le grandiose et l'aspect de vérité dont leurs tableaux sont empreints.

_____

Nous avons tâché de réunir dans cet ouvrage tout ce qu'il est nécessaire de connaître pour dessiner le paysage.

Nous commençons par tracer des lignes droites et d'autres figures de géométrie. Des maîtres estimables, entre autres Mengs, Gérard de Lairesse et Valenciennes, ont conseillé de donner pour premières leçons des figures géométriques à copier, mais sans règle et sans compas.

Pestalozzi, dans les cours de dessin qu'il faisait à Iverdun (Suisse) commençait par faire tracer des figures géométriques graduées, comme difficultés.

Nous avons connu plusieurs élèves qui sortaient de cette école : ils voyaient très juste et dessinaient avec beaucoup de facilité ; ils nous ont assuré qu'ils avaient appris très peu de temps. Cependant l'exemple de tant de maîtres qui ont commencé l'étude du dessin autrement que par des figures de géométrie n'est pas une raison pour nier que la méthode proposée par Mengs et Lairesse ne soit la meilleure. Les exemples prouvent ici beaucoup moins qu'on le pense ; car il est des hommes tellement appelés aux arts par la nature, qu'ils atteindraient à la perfection en commençant par les méthodes les plus vicieuses.

Ce qui du moins est certain, c'est qu'il sera bien plus difficile au maître de porter un jugement certain sur la justesse du coup d'œil de son élève lorsqu'il lui fera tracer des figures compliquées, que s'il lui proposait seulement à imiter d'abord les figures les plus simples de la géométrie.

Des figures géométriques droites et courbes nous passons au tracé des feuilles, elles ont leur contour formé par des lignes courbes ; puis nous traçons des branches, des plantes, des fabriques, etc., etc., allant toujours du simple au compliqué. Puis nous ferons un mélange de figures pittoresques et de lignes de perspective, afin de donner autant que possible le sentiment de cette science dans le placement et la forme des objets, d'après le plan et la position qu'ils doivent occuper, etc.

Dès les premières planches nous nous occupons des ombres, des reflets et des réflexions sur l'eau.

Nous indiquons les moyens que l'on emploie pour dessiner d'après nature, et après avoir étudié les détails nous les réunissons pour en former des ensembles et composer des paysages.

Le dessin de la figure humaine n'est pas le même que celui du paysage: dans la figure humaine tout doit être exécuté avec exactitude, point de licence; dans le paysage, dès que l'on connaît par principes la forme et la direction des objets, ainsi que leur valeur respective, on peut laisser errer son crayon librement.

Le dessin de la figure humaine doit être toute science, celui du paysage tout esprit.

Première Planche.

Nous commençons par nous occuper de l'ensemble ou esquisse des figures, puis du trait de ces figures.

L'*ensemble* se dit des premières lignes vagues que l'on trace, et qui représente cependant proportionnellement les ?gures et les rapports des ?gures entre elles.

Esquisser une figure, c'est la représenter aussi ?dèlement que possible par un contour très léger et qui n'est pas terminé.

La différence de l'ensemble et de l'esquisse est que dans l'esquisse la figure est plus terminée et que son contour est juste ce qu'il doit être. Quand la figure est esquissée, on repasse son crayon sur ses contours pour lui donner la force et la pureté du modèle; cette dernière opération s'appelle passer au *trait*.

Fig. 1. *Copier une ligne droite placée horizontalement.*

Chercher à l'imiter aussi juste que possible sans se servir d'une règle, la traçant d'abord très légèrement; il est permis de si reprendre à plusieurs fois si on ne peut réussir la première; lorsque l'on est parvenu à la rendre tout à fait semblable au modèle, comme longueur et droiture, repasser son crayon dessus avec plus de force, afin de lui donner le même degré de vigueur qu'à l'original. Les lignes horizontales se tracent de gauche à droite. Imiter de même la seconde ligne droite qui est placée au dessous de cette première, et comme ces lignes ont la même direction et même espace entre elles, on les appellent *lignes parallèles.*

Ces lignes tracées, on en divisera une en deux parties égales. Cette opération se fera à l'œil, et lorsque l'on croira avoir réussi on la mesurera pour s'en assurer.

Fig. 2. On copiera de même les lignes verticales, les traçant partant du haut.

Les *lignes verticales* sont parallèles à un fil tendu à l'extrémité duquel on aurait suspendu un plomb.

On divisera une de ces verticales en deux parties égales.

Il est bon de tracer des lignes droites dans toutes les directions et de les diviser en deux, en trois, en quatre parties égales, etc., etc.

L'histoire nous rapporte que les peintres anciens étaient très habiles à tracer des lignes droites et à les diviser en parties égales; ils étaient convaincus que cet exercice donnait une grande justesse à l'œil.

Pline dit qu'Apelle, quelque occupé qu'il pût être d'ailleurs, ne passait aucun jour sans tirer quelques lignes.

Fig. 3. *Tracer une ligne horizontale, puis élever sur le milieu de cette ligne une verticale.* Cette verticale est *perpendiculaire* à la ligne horizontale, c'est à dire qu'elle s'élève du milieu de la ligne horizontale sans pencher ni d'un côté ni de l'autre.

On appelle *angle* une figure formée par deux lignes qui se réunissent en un point; le point de rencontre est le *sommet* de l'angle, et les lignes qui le forment en sont les *côtés.*

Quand deux lignes sont perpendiculaires l'une à l'autre, comme dans la figure 3, elles forment deux *angles droits.*

Tous les angles droits sont égaux.

Il ne faut pas confondre perpendiculaire avec verticale; une ligne ne peut être perpendiculaire qu'autant qu'elle forme angle droit avec une autre ligne, tandis que la verticale peut être seule.

Fig. 4. *Après avoir élevé une perpendiculaire au milieu d'une ligne, par conséquent avoir formé deux angles droits, tracer deux lignes obliques qui divisent ces angles droits en deux angles égaux ou angles demi-droits.*

Fig. 5. *Diviser tous ces angles demi-droits en angles égaux.* Cet exercice forme l'œil à prendre juste toutes les inclinaisons possibles; aussi est-il bon de diviser toutes sortes d'angles en deux, en trois, en quatre, etc., etc.

Lorsqu'un angle est plus petit qu'un angle droit il s'appelle *angle aigu.* Quand un angle est plus grand que l'angle droit, il s'appelle *angle obtus.* a par conséquent une grande quantité d'angles aigus et d'angles obtus.

Pour tracer les figures 6 et 7, il faut se figurer qu'elles posent sur une horizontale et qu'elles sont traversées par une verticale. En général, pour tracer des figures quelconques, on peut toujours se rendre compte de leur position en se dirigeant par une verticale ou une horizontale, que l'on trace ou que l'on se figure ; quelquefois on se guide sur les côtés du tableau, et c'est ce qui arrive le plus souvent.

Après avoir terminé toutes ces figures géométriques, les avoir répétées plusieurs fois, on passera au tracé des feuilles, dont les contours ne sont autre chose que des lignes courbes ; puis on étudiera les branches, les plantes, le tronc d'arbre et la fabrique qui termine cette planche. Il faut avoir soin de suivre l'ordre dans lequel ces figures sont placées, et d'employer pour toutes la même méthode que pour la figure 1 ; c'est à dire esquisser très légèrement pour avoir la place aussi juste que possible ; effacer en totalité ou en partie la même figure jusqu'au moment qu'elle est satisfaisante ; alors la passer au trait.

C'est de la justesse du trait que dépend la beauté du dessin.

Nous ajouterons que pour faire l'ensemble des figures, il faut toujours tenir son papier droit devant soi ; mais l'ensemble une fois terminé, il est permis de le tenir comme on l'entendra ; car quelquefois on a bien plus de facilité pour passer au trait de le tenir un peu incliné.

Deuxième Planche.

Fig. 1. Trait d'une *fabrique* couverte de chaume, à Bièvre.

Fig. 2. Trait d'une *maisonnette* située aux Batignolles-Monceaux, près de Paris.

Fig. 3. Trait d'un *fond de rocher*, pris aux Echelles, en Savoie.

Fig. 4. Trait d'un *fond agreste*, représentant une portion de Bellevue, prise de Sèvres.

Cette planche s'exécute de même que la planche première. Faisant d'abord l'ensemble de chacune des figures, mettant les détails en rapport entre eux comme dans l'original, et lorsque l'on est sûr de la justesse de l'esquisse passer au trait.

Troisième Planche.

Nous nous occupons dans cette planche de l'étude de quelques troncs d'arbre.

Nous avons joints au trait de ces figures quelques hachures.

Les hachures sont des lignes plus ou moins rapprochées dont on se sert pour exprimer les teintes et les demi-teintes des ombres ; le sens dans lequel il convient de disposer ces lignes n'est pas arbitraire ; c'est à la forme, au mouvement, à la dureté, à la mollesse de l'objet qu'on représente, aussi bien qu'à la perspective, à indiquer le sens que doivent suivre les hachures, et si elles doivent se combiner en losange ou en carré.

Si l'objet est rond, les hachures doivent être circulaires ; s'il est uni, elles doivent être plates ; s'il est inégal, elles doivent participer de ces inégalités.

Pour exprimer une substance dure, elles se croisent carrément; et pour exprimer un objet qui a de la mollesse, elles se coupent en losange. Enfin, pour parvenir à donner l'effet convenable, le grand art est de les varier de manière cependant qu'elles indiquent toujours l'inflexion ou la forme générale des différents objets.

David répétait souvent à ses élèves : Faites les hachures dans le sens de l'objet.

Quand il y a plusieurs hachures les unes sur les autres, ainsi qu'il arrive le plus souvent, il faut toujours que celles qui expriment la forme de l'objet soient les dominantes, ou les plus prononcées ; en sorte que toutes les autres ne servent qu'à les glacer, à les fondre, ou à en augmenter l'effet. Du reste, elles sont quelquefois si près l'une de l'autre qu'il est difficile de voir leur direction.

Nous expliquerons ces nuances au fur et à mesure que nous en aurons besoin. Celles que nous avons employées dans les figures de cette planche pour accompagner le trait sont droites et courbes ; celles qui sont droites sont verticales et indiquent que l'objet est placé verticalement ; celles qui sont courbes servent à faire tourner l'objet, et comme ces objets sont des troncs d'arbre, par conséquent des objets qui ont une certaine dureté, il s'ensuit que pour l'exprimer les hachures se coupent à angle droit ou carrément.

La figure 1re représente le trait un peu ombré d'un *tronc de chêne*.

La fig. 2, un *tronc de hêtre*.

La fig. 3, deux *troncs d'orme* ; et comme le premier tronc est plus près que le second, il est le plus prononcé, son trait est plus vigoureux.

La fig. 4 représente le trait de plusieurs *troncs de bouleau*.

Il faut faire bien attention de prononcer toujours le trait des objets du premier plan plus énergiquement que le trait des objets des plans plus éloignés, qui doivent être d'autant plus vagues qu'ils s'éloignent de nous.

Quatrième Planche.

Elle représente des *branches de sommet d'arbre*, de chêne, de hêtre, d'orme et de bouleau.

Les moyens d'exécution de cette planche sont les mêmes que pour les planches précédentes.

Cinquième Planche.

Fig. **1.** *Fabrique* à Montmartre.

Le trait de cette fabrique est rehaussé de hachures qui indiquent les ombres qui sont peu dominantes.

Nous ferons remarquer que cette fabrique est fuyante, c'est à dire qu'elle s'éloigne du spectateur, qu'elle s'enfonce dans le tableau.

Les lignes fuyantes d'un édifice, telles que celles de la base et du haut des croisées, des portes, des corniches, etc., se dirigent vers un point qui serait situé à l'horizon. Par conséquent celles qui sont au dessus de l'horizon font l'effet de descendre, et celles qui sont au dessous font l'effet de monter.

L'horizon est une ligne droite située à la hauteur de l'œil du spectateur, c'est la ligne qui sépare le ciel de la mer; nous en reparlerons à la planche neuvième.

Fig. 2. Etudes de *rochers,* près de Reville (Meuse).

Sixième planche.

Etude de *branches de tilleul.*

La fig. 1 représente le trait, et la fig. 2 le rendu au crayon.

Il ne faut chercher à ombrer qu'après être bien sûr de son esquisse, et avoir arrêté son trait purement.

Il faut faire bien attention aux teintes différentes qui servent à faire tourner le tronc de cet arbre; nous avons indiqué par des lettres sur la figure au trait la place de chacune.

ABC, partie éclairée, CDE, partie dans l'ombre.

B, grand clair ou clair vif; D, ombre forte ou très prononcée.

Ce clair vif et cette ombre forte sont liés ensemble par trois demi-teintes. La première, A, part du bord de l'arbre, et vient se perdre dans la partie vive claire; la seconde demi-teinte C lie le clair à l'ombre forte, et doit se noyer dans ces deux teintes; la troisième demi-teinte E sert à fondre l'ombre forte avec le bord de l'arbre; on l'appelle reflet.

Ainsi le principe pour faire tourner un tronc d'arbre, une colonne ou tout autre objet circulaire, est d'établir 1° une demi-teinte; 2° le clair vif; 3° une demi-teinte; 4° l'ombre forte; 5° une demi-teinte. Ces cinq nuances doivent se lier ensemble, sans qu'on puisse découvrir le passage de l'une à l'autre.

L'*ombre* n'est pas la même chose que l'obscurité des ténèbres; celle-ci est noire et ne permet pas de rien distinguer, de rien reconnaître. Si quelquefois on a recours à l'obscurité absolue, c'est seulement pour représenter des enfoncements profonds où la lumière ne peut pénétrer. Mais ce que nous entendons par ombre n'est autre que la privation de la lumière immédiate; et les parties ombrées sont encore éclairées par la lumière éparse dans l'air et par toutes les parties éclairées, qui renvoient des reflets plus ou moins forts, suivant qu'elles sont plus ou moins éloignées. Nous distinguons plusieurs sortes d'ombres : l'ombre proprement dite, ou partie d'un corps qui n'est pas éclairée, et l'ombre portée, ou ombre que porte un corps sur un autre.

Sans exception, tous les corps sont susceptibles de recevoir l'ombre portée; mais elle est plus prononcée sur les uns que sur les autres. Elle paraît sur les vapeurs, mais faiblement; sur les nuages et les eaux elle est plus prononcée, et en général plus un corps est opaque, et mieux il reçoit l'ombre d'un autre corps.

L'ombre portée par un corps quelconque est presque toujours plus forte que celle qui est propre à ce même corps, parce que l'ombre portée n'est reflétée en général que par l'azur du ciel qui est très éloigné, tandis que celle qui est propre au corps qui porte l'ombre, est reflétée par les corps environnants qui sont éclairés, et qui lui renvoient de plus près une portion de leur lumière.

Plus l'ombre s'éloigne du corps éclairé qui la reflète, plus la clarté et la couleur de ce reflet s'éteignent.

Fig. 3 et 4. *Fabriques à Boulogne* (Seine).

Dans ces figures, nous avons cherché à appliquer les principes d'ombres et de reflets que nous venons d'établir. Nous avons placé des lettres sur la fig. 3; elles correspondent aux endroits de la fig. 4 que nous voulons expliquer. L'ombre portée F est plus vigoureuse que l'ombre du mur RM qui la produit. Ce mur RM est moins reflété selon qu'il s'éloigne plus du terrain, qui étant éclairé lui renvoie ses rayons lumineux; ainsi le haut du mur R, étant plus éloigné du terrain éclairé, est moins clair que sa base M, qui

3

en est plus proche. Ce principe s'applique à tous les objets. Donc, pour la cheminée qui se trouve placée sur le toit, la partie H est plus vigoureuse ou moins éclairée que la partie N, qui est plus proche du toit; de même l'ombre portée de cette cheminée sur le toit est plus foncée que la partie de cette cheminée qui est dans l'ombre ou privée de la lumière du soleil.

Pour l'ombre portée d'un mur sur un mur, c'est encore le même principe, l'ombre portée B est plus vigoureuse que l'ombre A qui la produit.

Il ne faut pas conclure des principes que nous venons d'énoncer que l'ombre portée est toujours plus forte que l'ombre proprement dite. Ce principe est invariable quand le corps qui produit l'ombre et celui qui reçoit l'ombre portée sont de la même couleur, ou de couleurs différentes qui ont la même valeur; mais quand l'un est d'une couleur plus forte que l'autre, son ombre ou son ombre portée est relative à la force de sa couleur; exemple : supposons une cheminée de brique portant ombre sur un mur blanc; nécessairement l'ombre de la cheminée sera plus forte (plus noire) que l'ombre portée sur le mur blanc.

Comme couleur, l'ombre portée est plus bleue et l'ombre proprement dite est plus dorée, vu que l'ombre portée réfléchit presque toujours l'azur du ciel, tandis que l'ombre reçoit des reflets du terrain ou des murs éclairés des rayons du soleil.

Les reflets jouent un grand rôle dans la peinture; aussi doit-on les étudier avec soin, se rendre compte de leur valeur suivant les différents plans et suivant que le corps éclairé qui les produit en est plus ou moins près.

Cette étude est très intéressante à faire d'après nature, parce que là on peut observer les causes et les comprendre bien mieux que dans un dessin ou un tableau : aussi engageons-nous les personnes qui suivent cet ouvrage à être sans cesse en observation devant la nature; elles y trouveront ce que nous tâchons de leur expliquer, et cette étude leur meublera la tête fructueusement.

Septième Planche.

Etude d'une fabrique couverte de chaume, servant d'application aux principes d'ombre et de reflet que nous venons d'indiquer.

Nous avons ouvert une des portes de cette fabrique; nous supposons que le jour n'entre que par cette porte et par une fenêtre qui est placée auprès; cette porte ouverte ne nous laisse apercevoir dans l'intérieur que de l'obscurité; la partie inférieure est plus claire que la partie supérieure, parce que la lumière du ciel et quelques rayons du soleil éclairent le bas, tandis que le haut, n'ayant que quelques reflets, paraît bien plus foncé; cette ouverture est d'autant plus obscure que la face de la fabrique sur laquelle elle se trouve est éclairée du soleil.

Si cette face de la fabrique était dans l'ombre, l'ouverture de la porte apparaîtrait de même ayant sa base plus claire que le haut; le bas, étant plus éclairé par le ciel, paraîtrait plus bleuâtre, et le haut d'un ton plus chaud.

Huitième planche.

Etude d'un vieux saule décrépit. Il est à remarquer que les branches mortes d'un arbre ont une autre physionomie comme forme et comme couleur que celles qui sont en pleine vitalité.

Le tronc de cet arbre, étant creux et ouvert du haut, aura intérieurement la partie inférieure plus obscure que le haut, attendu que le haut est naturellement éclairé par la voûte du ciel, tandis que le bas se trouve privé de lumière.

Neuvième Planche.

Nous allons nous occuper de la perspective des objets, de leur forme apparente. Nous prendrons nos définitions et nos opérations dans le *Traité de Perspective* pour dessiner d'après nature (1) que nous publions en même temps que cet ouvrage; ce Traité de Perspective doit de toute nécessité être entre les mains des personnes qui suivent le Cours de Paysage; car dorénavant nous irons sans cesse de l'un à l'autre de ces ouvrages.

Troisième planche du Traité de Perspective, pages 19 et suivantes, *Définition de l'horizon.* Voici ce que nous ajouterons par rapport à l'horizon rationnel. Supposons un pavillon situé près de la mer, que nous apercevons par une des fenêtres. Nous fermons cette fenêtre par un volet, alors nous tendons horizontalement deux fils à la même hauteur. Ces fils doivent être parallèles à la fenêtre; nous plaçons notre œil juste à la hauteur de ces fils, c'est à dire de manière que le premier soit caché entièrement par le second; étant ainsi placés, ces fils se trouvent être l'horizon rationnel; mais si l'on ouvre le volet,

---

(1) Ouvrage grand in-8°. (*Voir* l'annonce au dos de la couverture du *Cours de Paysage.*)

l'horizon visuel se trouvera juste en face des fils et sera caché par eux ; l'horizon et les deux fils se confondront en une seule ligne. Cette expérience est très facile à faire, et n'importe à quelle hauteur elle sera faite, le véritable horizon sera toujours à la hauteur des fils, c'est à dire à la hauteur de l'œil.

Nous engageons à étudier avec beaucoup de soin le Traité de Perspective, depuis la troisième planche, fig. 49, jusqu'à la quatrième planche, fig. 57. Jusqu'à présent nous avons exécuté toutes les figures sans règle ni compas : dorénavant nous permettrons la règle et tous les instruments indiqués.

Avis. Page 12 du Traité de Perspective ; seulement pour les opérations de perspective, tout ce qui est dans le Cours de Paysage devra être exécuté de sentiment, sans règle ni compas.

Pour les première et seconde planches du Traité de Perspective, on devra en étudier quelques figures tous les jours, afin de connaître les noms des différents objets et d'apprendre à les représenter exactement. Revenons à la neuvième planche du Cours de Paysage.

Fig. 1. On doit voir le dessus des objets horizontaux lorsqu'ils sont placés au dessous de l'horizon. Nous avons pris pour exemple un *Pont situé sur la Bièvre.*

Fig. 2. On doit voir le dessous des objets horizontaux, lorsqu'ils sont situés au dessus de l'horizon, tel que le dessous des corniches, des branches d'arbres, etc. Pour les figures humaines, on verra le dessous du menton, du nez, etc.

Etude d'un pont joignant des rochers, vue prise à Ypsatsou (Pyrénées). Étant placé plus bas que le pont, nous en voyons le dessous, et pour indiquer qu'il fuit, n'ayant pas de ligne fuyante, nous avons prononcé plus vigoureusement l'ombre de la partie qui est le plus près denous.

Dixième Planche.

DU DESSIN DES ARBRES.

Soit pour copier le modèle, soit pour dessiner d'après nature, on opère absolument de la même manière. Afin d'être mieux compris, nous avons divisé les parties de cette figure, et nous arrivons progressivement de l'ensemble au fini. Il est inutile de faire plusieurs figures ; une seule suffit, mais elle doit réunir les principes de quatre exemples.

Figure 1. Faire l'ensemble de l'arbre : pour cela ne s'occuper aucunement des détails ; tracer des lignes qui enveloppent la silhouette. Ceci obtenu, indiquer de même les masses principales formées par les feuilles. Toute cette

préparation doit être faite simplement. Fig. 2. Dessiner aussi purement que possible le contour de la silhouette et le contour des masses
de feuilles, ce qui termine l'esquisse et le trait. Fig. 3. Ombrer l'arbre, et
le faire tourner; pour cela mettre premièrement une demi-teinte sur toute la
partie qui est dans l'ombre, puis une seconde teinte sur la partie la plus
foncée, et suivre en tout le principe que nous avons donné planche 6. Fig. 1
et 2. Quand on est parvenu à donner l'effet voulu à cet arbre, effet produit par
les masses de clair et d'ombre, Fig. 4, on ajoute les détails ainsi que les
grandes vigueurs. Ces vigueurs servent à donner de l'enfoncement à l'arbre ;
elles doivent se trouver à peu près dans une verticale située vers le milieu
de l'arbre, endroit où l'arbre a le plus de profondeur, et qu'il laisse apercevoir
entre ses branches par leur disposition ; tandis que vers la silhouette elles
apparaissent l'une sur l'autre, et ne laissent plus voir de profondeur,
qui, du reste, est beaucoup moins considérable que vers le milieu de
l'arbre.

Ainsi nous concluons que les grandes vigueurs se trouvent vers le milieu de
l'arbre, et que plus ces vigueurs s'approchent de la silhouette de l'arbre plus
elles s'affaiblissent, et elles deviennent nulles à l'extrémité de la silhouette.

Lorsqu'un arbre est éclairé du soleil, la partie qui est dans l'ombre doit
avoir le moins de détail possible, par opposition à la partie éclairée.

Le ton des grandes vigueurs doit être très chaud, ainsi que la couleur de
l'ombre sur le tronc et sur les branches, vu que les ombres reflètent les
rayons du soleil qui leur sont renvoyés par toutes les feuilles éclairées.

Le côté de l'arbre opposé à celui qui est éclairé doit être d'un ton froid,
et doit réfléchir la couleur du ciel ; cela est plus ou moins prononcé suivant
que les feuilles, d'après l'espèce de l'arbre, sont plus ou moins lisses ; plus
aussi les feuilles seront d'un ton blanc, plus elles auront la propriété de réfléchir
le ton du ciel et des objets environnants : par exemple, le saule reflète plus
la couleur du ciel et des objets éclairés qui l'environnent que le chêne.

Du caractère des arbres suivant les différentes espèces.

Après avoir expliqué la manière générale de dessiner un arbre, nous allons
nous occuper des espèces et des moyens de les représenter ; pour cela nous
allons entrer dans les détails qu'il est nécessaire de connaître ; nous dirons
qu'il faut autant que possible rendre l'aspect différent qu'ils ont, suivant
leurs espèces : car un chêne a un aspect tout différent qu'un hêtre, qu'un
orme, qu'un saule, etc. Cet aspect s'obtient, premièrement par la justesse

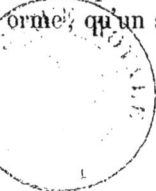

4

de la forme de la silhouette d'un arbre ; car le soir, entre le crépuscule et la
nuit obscure, lorsque passant près d'un bois, nous apercevons un arbre,
nous reconnaissons de suite à quelle espèce il appartient ; cependant à cette
heure il ne présente qu'une masse vigoureuse sans aucun détail, et pour être
vu il faut qu'il se détache sur le ciel ; ce n'est donc qu'à la forme de son
contour, ou, ce qui est la même chose, à l'aspect de la silhouette, que nous le
reconnaissons. Secondement, il faut s'attacher à représenter exactement la
direction des branches ; car plusieurs espèces d'arbres portent leurs branches horizontalement, tels que le chêne ; tandis que d'autres espèces
comme le hêtre, le charme, l'orme, le platane, le peuplier, le saule, etc.,
ont la plus grande partie de leurs branches dirigées de bas en haut, en s'é-
cartant plus ou moins du tronc. Troisièmement, il faut aussi étudier avec soin
la forme particulière de ces branches : elles sont très différentes suivant les espèces d'arbres ; les unes ont les branches droites, d'autres les ont toutes tortillées ; le chêne, par exemple, a les branches tout en zigzag. Nous recommandons
aussi d'observer avec soin la forme de l'attache de la branche au tronc de
l'arbre : cela est encore un caractère important à représenter ; il faut même
étudier les mousses et lichens qui sont particuliers à chaque arbre.

Ainsi nous conclurons qu'en représentant juste la forme extérieure d'un
arbre, c'est à dire la silhouette, plaçant exactement le tronc et les branches
comme direction et forme, puis une teinte sur le tout, on doit très bien
avoir rendu l'espèce de l'arbre ; si de là on passe au détail des masses de feuilles
on complétera la portraiture de cet arbre.

Nous dirons pour les masses de feuilles, que la forme de ces masses est
presque généralement la même que celle particulière des feuilles, c'est à dire
que les feuilles rondes produisent des masses rondes, les feuilles longues des
masses longues, les feuilles simples dans leur forme des masses simples, les
feuilles dentelées des masses dentelées et aiguës ; et c'est cette diversité de
forme de feuillage qui fait que souvent deux arbres de différentes espèces,
quoi qu'ayant le même branchage, ont un aspect tout différent.

Des principes que nous venons d'énoncer il ne faut pas conclure que les
détails de chaque espèce d'arbres soit parfaitement les mêmes dans tous les
individus qui en font partie ; considérer la nature de cette manière serait lui
ôter son pittoresque, son charme : la nature, au contraire, est féconde en
accidents de toute sorte, mais ces détails se rattachent toujours à l'aspect
général de l'espèce.

Nous ferons oberver aussi que ce sont des branches principales des arbres que nous venons de parler; car à ces branches il y en a une foule d'autres petites qui leur sont adhérentes et qui se dirigent dans toutes les directions : cependant, malgré la diversité de direction de ces petites branches, elles adoptent presque des directions particulières suivant la hauteur de l'arbre : ainsi dans presque toutes les espèces d'arbres, les petites branches placées à la partie supérieure du tronc, c'est à dire les branches les plus basses ou branches inférieures, ont une tendance à retomber, à se diriger du haut en bas, les petites branches situées vers le milieu de la hauteur de l'arbre sont le plus souvent dans une direction horizontale, et celles du sommet de l'arbre tendent à s'élever, à se rapprocher de la verticale, direction des branches du sommet de l'arbre.

Ce sont les petites branches qui donnent de la grâce et de la légèreté aux masses de feuilles, et ce sont les branches principales qui donnent de la vigueur et de la solidité à l'arbre.

Une observation très importante à faire en dessinant les branches, c'est de les faire retrouver juste comme continuité, lorsqu'elles sont interrompues par des masses de feuilles passant devant ; ensuite de les faire toujours diminuer de grosseur, partant du tronc jusqu'à l'extrémité la plus éloignée.

Onzième Planche.

D'après le plan qu'ils occupent, les objets sont fuyants selon qu'ils ont plus ou moins de détails, et que la lumière et l'ombre se trouvent disposés convenablement.

Nous avons réuni dans cette planche des arbres placés à des plans différents, et nous avons tâché que chacun de ces arbres soit à la place qu'il doit occuper comme teinte et détail : ainsi les arbres du premier plan ont plus de détails et les ont plus prononcés que ceux du second plan ; ceux-ci ont de même plus de détails, et les ont plus déterminés que les arbres du troisième plan, et ainsi de même pour tous les plans. Dans les lointains ou plans les plus éloignés, les teintes deviennent tout à fait unies et sans aucun détail : nous concluons de là que plus un objet sera censé éloigné, moins il devra avoir de détails, et plus ses teintes devront être unies et se rapprocher d'un seul ton local.

Une observation à faire, c'est que les détails des objets des plans éloignés sont toujours plus prononcés au sommet de ces objets qu'à leur base, par la raison que plus l'air atmosphérique approche de la terre, plus il est chargé de vapeur qui s'en élève, et qui, s'interposant entre ces objets et notre œil, les voilent plus ou moins fort, suivant qu'ils sont grands ou petits.

Au premier plan nous distinguons au contraire mieux les détails de la base des objets que ceux de leur sommet, parcequ'alors étant plus près de notre œil nous les apercevons avec plus de facilité.

Ainsi que les détails, la lumière et l'ombre s'affaiblissent en s'éloignant; nous allons donner un exemple : nous prenons la couleur blanche pour la lumière et la couleur noire pour l'ombre; supposons deux murs placés parallèlement et se prolongeant à l'infini, l'un de ces murs est blanc, l'autre est noir; le mur blanc en s'éloignant deviendra foncé, il perdra peu à peu sa couleur pour prendre celle de l'atmosphère; le mur noir en s'éloignant deviendra clair et prendra de même la couleur atmosphérique, si bien qu'à une certaine distance ces deux murs devront paraître de la même couleur.

On peut très bien se rendre compte d'après nature de ce principe, que la lumière et les objets clairs s'affaiblissent en s'éloignant et deviennent de plus en plus foncés, qu'au contraire les ombres et les objets foncés deviennent clairs.

Voici par quel moyen on peut arriver à se le bien persuader. Il faut d'abord trouver plusieurs objets clairs à la suite l'un de l'autre, tels que des colonnes, des statues; nous préférons les statues parcequ'elles sont plus blanches et qu'alors c'est plus visible. Nous allons donc dans une galerie de statues; ces statues doivent être éclairées de même; nous nous plaçons de manière à en apercevoir plusieurs se détachant l'une sur l'autre; la première se détachera en clair sur la seconde, donc la seconde paraît plus foncée que la première; la seconde se détache en clair sur la troisième, donc celle-ci est plus foncée que la seconde, et ainsi de suite. On voit par là qu'elles perdent leur blancheur en s'éloignant, donc le blanc s'affaiblit en fuyant; voilà pour le blanc et les couleurs claires. De même pour la couleur noire, si nous rencontrons plusieurs objets de cette couleur placés à la suite l'un de l'autre et éclairés de même, le premier objet se détachera en noir sur le second, donc le second paraît plus clair; ce même second se détachera en foncé sur le troisième, donc le troisième paraît moins foncé; donc les objets noirs et foncés s'éclaircissent en s'éloignant.

Donc le blanc et le noir, les couleurs jaune, rouge, bleue, et leur composés vert, orange, violet, etc., etc., s'affaiblissent plus ou moins, suivant que le plan qu'elles occupent est plus ou moins éloigné.

Douzième Planche.

Tronc de châtaignier. Cette étude a été faite d'après nature à Aulnay, près de Sceaux : c'est dans les bois d'Aulnay que l'on trouve les plus beaux châtaigniers des environs de Paris ; il y en a de magnifiques pour la forme et la couleur. Michallon, notre célèbre paysagiste, avait une prédilection toute particulière pour cet endroit. C'est là, disait-il, que j'ai appris à faire les terrains, et que j'ai rencontré les châtaigniers qui m'ont fait le plus de plaisir à étudier.

Nous avons tâché dans cette planche de faire sentir la dégradation de lumière et d'ombre qui doit exister dans le second arbre comme étant le plus éloigné.

Treizième planche.

Fig. I. Etude de branche de chêne. Cette branche a le caractère du chêne aussi prononcé que possible, comme embranchement et feuillage.

Fig. II. Sommet du sapin.

Quatorzième Planche.

Tronc de hêtre, dessiné d'après nature dans le département de la Meuse. On devra étudier cette planche avec soin, surtout pour l'articulation des branches principales et pour la forme des petites branches qui retombent et se relèvent de leur extrémité ; c'est un caractère particulier de cet arbre. Le tronc est recouvert çà et là de mousse et de lichen, et souvent le dessus des branches en est tout couvert.

Quinzième Planche.

Vue prise en Piémont.

Fig. I. Tour carrée. Nous avons appris dans le *Traité de Perspective* que la face fuyante d'une tour carrée est de même dimension que la face

5

de front, par conséquent la croisée qui est sur la face fuyante est aussi haute et aussi large que la croisée de la face de front.

Dans cette figure nous avons marqué sur le côté du tableau la hauteur de l'horizon par le mot *horizon*; traçant cette ligne et prolongeant une ligne fuyante de la tour jusqu'à sa rencontre, on obtient le point de fuite principal. Formant le carré supérieur, comme à la pl. 8, fig. 83 du *Traité de Perspective*, on obtient la D/2. Cette fig. 83 nous apprend aussi à établir sur la face fuyante une croisée égale à une autre qui serait placée sur la face de front. Pour établir le toit ainsi que l'avance qui termine la partie supérieure de la tour, on opère comme à la planche 9, fig. 85 du *Traité de Perspective*.

Il est bon de s'exercer à former cette figure à part, en employant toutes les règles de la perspective, puis ensuite de la dessiner sans faire aucune opération, telle qu'elle est dans cette planche : ce moyen est le meilleur ; car en faisant les opérations de perspective on s'assure de la forme exacte d'une figure, ce qui doit former l'œil et apprendre à voir juste. Dès que l'on connaît cette forme, on doit la représenter sans peine, parceque alors on raisonne ce que l'on fait.

Vue prise près de Sassenage (Dauphiné.)

Fig. II. Cette figure comme la précédente est une application de perspective : aussi avant de l'exécuter il sera bon d'étudier la planche 9, fig. 86, 87 et 88 du *Traité de Perspective*.

De la physionomie d'une contrée par rapport au sol.

Chaque pays offre des différences marquées dans l'aspect de localité, dans ses fabriques, ses costumes et ses mœurs ; il présente une physionomie changeant quelquefois subitement et passant sans transition d'une nature à une autre toute différente ; mais le plus ordinairement ce passage est graduel, et l'on arrive à un changement sans presque s'en apercevoir.

La bonté ou la stérilité d'un terrain est pour beaucoup dans l'aspect de la physionomie d'une partie du globe ; car c'est de la fertilité de la terre que dépendent la richesse de la végétation et le bien-être de l'espèce humaine. Si le pays est aride ou improductif, ses habitants auront l'air malheureux ; il y aura une teinte d'infortune répandue sur leurs figures comme dans leurs vêtements : en général c'est le sol qui donne la couleur à tout ce qui s'en élève.

Voyez les campagnes de la Champagne-Pouilleuse, elles sont formées d'une substance blanche, crayeuse, qui tient lieu de terre; cette substance ne laisse croître que quelques herbes maigres, qui semblent ne pousser qu'à regret; point d'arbres, point d'eau. Les habitations participent de l'aspect de ce désert; bâties avec ces matériaux elles en ont la couleur, couleur blanche, blafarde, qui fatigue l'œil; les toits sont couverts de chaume d'un ton particulier, gris-noir; le contraste de cette couleur avec tous les autres objets, qui sont blancs, forme une discordance et donne un air de deuil à tous les villages; ces villages sont peu peuplés, surtout d'hommes, car la majeure partie se fait roulier ou domestique. On n'aperçoit que quelques femmes et des enfants; ceux-ci, couverts de haillons, courent après les diligences en implorant la pitié des voyageurs.

Lorsque l'on a traversé cette partie pour ainsi dire morte, si l'on passe par Sainte-Menehould, on arrive tout à coup à une contrée des plus fécondes et des plus animées. La route jusqu'aux Illettes est bordée de jardins enclos, remplis d'arbres fruitiers, tellement chargés de fruits en automne que beaucoup de branches rompent sous leur poids. La nature semble vouloir se dédommager d'être restée impuissante tout près de là, en Champagne, car la plus belle végétation croit à l'ombre de ces arbres, quoiqu'ils soient très touffus et très près l'un de l'autre. Les habitants sont en harmonie avec cette fécondité : ils ont l'air heureux, leurs maisons s'en ressentent; elles ont une certaine élégance, elles sont construites moitié bois, moitié pierre, et la plus grande partie sont peintes et annoncent par leur aspect l'honnête aisance de leurs propriétaires.

Nous avons pris pour exemple ces deux provinces parcequ'elles sont situées près de nous et qu'elles sont très connues; mais l'on peut se convaincre, par l'étude de diverses contrées, de l'exactitude de cette remarque: *Le sol donne sa physionomie à tout ce qui est dessus, végétation, habitants, habitations.* Si parfois l'on rencontre des parties arides peuplées d'habitants actifs, c'est qu'il y aura, par compensation du manque de végétation, exploitation de quelque mine ou de produits particuliers à cette contrée.

Du caractère des fabriques. — Rapport qu'elles ont avec le sol.

Les habitations et en général tous les ouvrages de maçonnerie sont aussi pour beaucoup dans la physionomie d'un pays; ils empruntent leur style du goût, de la mode, des usages et des commodités exigés par ceux qui les font construire. Les matériaux avec lesquels sont bâtis ces édifices impriment un caractère et une couleur locale aux villages et même à la masse entière des grandes villes.

Comme nous venons de le dire, dans la Champagne-Pouilleuse les habitations sont bâties en craie blanche, et les toits couverts de chaume d'un ton triste, gris-noir; dans l'Auvergne les maisons sont construites en grande partie de débris volcaniques; celles de la ville d'Angers le sont avec un schiste qui abonde dans ses environs et qui lui donne un aspect tout à fait sombre; entre Rouen et Dieppe, tout jusqu'aux simples baraques est construit en briques rouges très soignées, très propres; aussi ce pays a un aspect des plus gais. Si l'on visite la Bretagne on est attristé de l'aspect misérable de ses chaumières, formées de mauvaises terres; celles de la Picardie sont comme elles revêtues et presque entièrement formées de terre; mais cette terre est meilleure, ce qui lui donne une couleur plus agréable. Du reste, comme nous venons de le dire, cette terre est plus fertile; alors les habitations ont plus d'importance et sont mieux construites. Aux environs de Verdun, de Metz, le territoire est très productif; il fournit à peu près de tout aux besoins de ses habitants; aussi les fabriques sont de forme agréable, bâties solidement, et présentent un aspect qui leur est particulier; les murs intérieurs et extérieurs sont reblanchis de chaux tous les ans; les toits sont couverts de tuiles à canal d'un beau brun-rouge, et la végétation abondante qui entoure les villages est d'un vert foncé: ces couleurs sont harmonieuses quoique tranchées; elles s'accordent parfaitement avec l'aspect général du pays, qui est partout cultivé.

Le degré de pente des toits est aussi à observer, car il varie suivant les climats. Dans le nord les toits sont très élevés; ils sont très anguleux, afin d'empêcher la grande abondance des neiges d'y séjourner. Dans le midi, n'ayant pas à craindre cet inconvénient, les toits sont très plats; il y a même des villes, comme Naples, où toutes les maisons sont terminées en terrasses. Nous dirons donc qu'il faut faire bien attention, quand on étudie un pays, à son aspect général, puis à la couleur et à la forme des constructions, à leur hauteur, aux différents détails de l'architecture extérieure, etc., ne pas négliger la physionomie des arbres; car les mêmes espèces, cultivées dans un pays ou dans autre ont un caractère différent, parceque la manière de les soigner, de les tailler varie suivant les usages des agriculteurs, etc., etc.

Seizième Planche.

*Étude d'après nature de fabriques couvertes en chaume à **La Hérelle**.*
(Picardie.)

Nous avons tâché de donner à ces fabriques l'aspect caractéristique des habitations picardes; les losanges qui se trouvent sur les murs des fabriques de gauche sont des ornements que les maçons ont soin d'incruster sur leur face principale.

Du chaume.

Le chaume considéré comme couverture de toit présente des effets très propres à être rendus en peinture, non seulement comme forme, mais principalement comme couleur; en effet rien de plus varié que les différentes teintes du chaume suivant ses divers degrés de vetusté: il présente tour à tour des tons très différents dans les nuances, tels que jaunâtre, grisâtre, violâtre, blanchâtre, etc., etc., etc.; souvent les masses rembrunies sont interrompues par des raccords de paille nouvelle du plus beau jaune-clair.

Mais c'est surtout au printemps et à l'automne que le chaume étale la plus grande richesse de couleur, parce qu'alors l'humidité le recouvre en partie de mousse et de lichen, qui se nuancent de mille façons, soit vert-pré, vert-noir, soit jaune-citron, orangé, roux, laqueux, brun, etc. A ces nuances variables se joint celle particulière de la terre qui se trouve par place afin de retenir les portions de la couverture; elle se marie avec les autres couleurs et contribue à former dans l'ensemble une harmonie des plus heureuses.

On rencontre quelquefois des couvertures de chaume presque entièrement recouvertes d'herbes, de plantes, ce qui fait un très bel effet et donne au toit l'air d'un pré ou d'un jardin suspendu.

Dix-septième Planche.

Etude de tronc de chêne.

Il faut que les détails des gerçures de l'écorce soient plus prononcés comme forme et vigueur vers le milieu du tronc de l'arbre que sur ses extré-

6

mités; car plus ils se rapprochent du contour, plus ils doivent disparaître et s'évanouir avec le trait extérieur.

Nous avons déjà donné ce principe (*V.* page 17) lorsque nous avons expliqué comment il fallait placer les vigueurs et les détails d'un arbre afin de lui donner de la rondeur.

Nous ajoutons qu'un tronc de chêne, de châtaignier, d'orme, etc., tronc sillonné de gerçures, doit suivre la même loi de perspective qu'un fût de colonne canelée; effectivement les gerçures d'un tronc d'arbre peuvent se comparer aux canelures d'une colonne, quoiqu'elles n'aient pas la même régularité, et elles doivent apparaître à l'œil en subissant la même dégradation perspective. Examinons les canelures d'une colonne; nous apercevons dans leur largeur réelle celles qui se trouvent placées vers le milieu de la colonne; puis les autres diminuent graduellement de largeur en se rapprochant du bord de la colonne, et elles finissent par paraître tellement rapprochées qu'elles deviennent imperceptibles et se fondent avec le contour.

Dix-huitième Planche.

Fig. 1. *Vue prise du Calvaire. Habitation d'un des portiers.*
De cet endroit on découvre de très beaux points de vue.
Fig. 2. *Fabrique à Courbevoie.*

Dans les environs de Paris les habitations sont en général recouvertes en tuiles plates. Ces tuiles, quand elles sont neuves, sont d'un ton rouge-brun ou rouge-jaune; mais avec le temps elles deviennent d'un ton sale, gris-noir, car l'air atmosphérique de la capitale donne en quelques années cette teinte à toutes les habitations; il est rare de trouver de la mousse ou de la végétation sur ces toits.

On trouve aussi beaucoup de fabriques couvertes en ardoises, mais principalement les maisons bourgeoises.

Dix-neuvième Planche.

Fig. 1. *Plâtrières à Clignancourt-Montmartre.*
Fig. 2. *Chalet près de Meyringen* (Suisse).
La majeure partie des chalets est couverte de planchettes de bois de chêne

ou de sapin; on place sur cette couverture des pierres en grande quantité afin de les retenir; autrement elles seraient enlevées par le vent, qui est très violent à certaines époques de l'année.

Ces couvertures font un très bel effet : elles offrent de riches couleurs, attendu que les pierres se couvrent de mousse très nuancée, et que les planchettes, se tourmentant par l'action des pluies et du soleil, donnent souvent un aspect ondulé à la masse générale des toits.

Vingtième Planche.

Saule.

Le *saule* est très commun dans nos prairies, il ombrage une grande partie des fossés et ruisseaux; lorsqu'il peut croître en liberté il s'élève de trente à quarante pieds, mais le plus ordinairement on le dépouille de ses branches tous les trois ou quatre ans, ne lui laissant absolument que le tronc. Cet arbre ainsi taillé s'appelle *saule à tête* ou *têtard.*

Nous avons dit, page 17, en traitant du caractère des arbres suivant les différentes espèces, que l'on devait d'abord s'occuper de la silhouette d'un arbre, c'est à dire de sa forme extérieure; en étudiant celle du saule, nous la trouvons élégante et légère, surtout dans les individus que l'on ne taille pas et qu'on laisse pousser en toute liberté.

La silhouette du saule têtard présente aussi un bel aspect quoique sa forme soit plus arrondie, plus en boule.

Suivant l'ordre établi dans l'article que nous venons de citer, nous nous occuperons successivement du tronc, des branches et des feuilles.

Le tronc du saule est revêtu d'une écorce grisâtre, rude et crevassée; il peut acquérir six ou huit pieds de circonférence; les branches se dirigent de bas en haut, s'écartant plus ou moins en forme d'ombrelle. Le tronc du saule têtard présente une souche épaisse, qui se pourit de bonne heure par le cœur, et en vieillissant devient entièrement creux; mais cela ne l'empêche pas de produire encore une grande quantité de branches vigoureuses qui le couronnent et le rendent presque toujours plus gros à leur attache qu'à sa partie inférieure; on rencontre quelquefois de ces troncs extrêmement bizarres qui présentent des formes fantastiques.

Les branches du saule sont très peu contournées dans leur forme ; elles sont d'un vert-brunâtre ; les jeunes rameaux sont très droits et d'un ton jaune-rougâtre.

Les feuilles sont alternes : elles sont longues et pointues, très luisantes, de couleur vert-bleu-gai en dessus et vert-blanchâtre en dessous ; quand elles sont retournées par l'agitation du vent elles présentent des masses d'une teinte argentée qui tranche agréablement avec le vert de la plupart des autres arbres.

Il y a une grande quantité de variétés de saule ; quelques espèces viennent dans des terrains secs ; ces espèces sont en petite quantité ; mais en majeure partie ils croissent généralement dans les lieux frais, les terrains humides, le long des rivières, des ruisseaux, dans toutes les parties du monde, même dans les pays les plus froids, puisqu'il s'en trouve aussi loin qu'on ait pu aller vers le cercle polaire.

Vingt-unième Planche.

Etude de grès faite dans la forêt de Fontainebleau.

Les grès sont des blocs pierreux, composés de grain de sable ordinairement quartzeux, cimentés ensemble par un gluten, quelquefois silicieux ou marneux, mais le plus souvent calcaire. Le gluten des grès de Fontainebleau est purement calcaire. Cette pierre est extrêmement solide.

Ces grès disposés isolément et par masses couvrent de très grands espaces ; ils gissent sur le terrain dans toutes sortes de positions et semblent semés au hasard : leur forme, quoique généralement arrondie, varie à l'infini. On en rencontre de très bizarres, représentant des êtres imaginaires et même des animaux réels. Un jour, dans un de ces grès nous avons reconnu la figure fort exacte d'un énorme lion. Quelquefois ces blocs sont si rapprochés qu'ils forment une suite de plusieurs lieues, serpentant à travers la forêt et produisant de loin l'effet d'un large ruban gris ; mais c'est lorsqu'ils sont entassés confusément les uns sur les autres qu'ils offrent les plus beaux effets, car ces masses forment dans plusieurs endroits de hautes collines de l'aspect le plus sauvage.

La couleur locale de ces grès est le gris-foncé, mais on y trouve une grande variété de taches de différentes couleurs, telles que blanc, rosé, jaune, violet, etc. Une mousse d'un jaune-roux recouvre une partie de ces blocs ; des bouleaux poussant entre eux et même dans leurs crevasses, se dirigent dans toutes sortes de directions; il y en a même beaucoup qui n'ayant pu être retenus par les terres végétales, qui sont en très petite quantité, ont été renversés par les vents et n'en ont pas moins continué de croître. Ces bouleaux, en général chétifs, sont la plupart tourmentés dans leur forme; ils ont le tronc et les branches soupoudrés d'un sable fin qui détruit la blancheur de leur écorce, et leur donne un ton grisâtre, de la couleur des masses de grès; l'aspect de ces masses, qui semblent se trouver là à la suite d'un bouleversement épouvantable, donne aux localités une physionomie triste et désolée qui contraste avec la majesté des futaies de la forêt.

Vingt-deuxième Planche.

Vue de la Tour dite château de Pornic et de la Mer (Loire Inférieure).

Figure 1. Ce dessin étant une application de la planche 12 du *Traité de Perspective*, figures 101, 104 et 105, il faudra étudier avec soin ces figures; se rendre compte de la forme perspective de deux cercles fuyants circonscrits; observer, fig. 101, que la distance qui se trouve entre les cercles, aux points B, X, étant plus en raccourci qu'aux extrémités AA', CC', elle doit paraître plus étroite.

Cet effet est la suite naturelle de l'aspect d'un cercle fuyant placé horizontalement; si après avoir tracé le cercle B A X C B, fig. 99 du même ouvrage, on s'est rendu compte de sa forme, on doit avoir remarqué que le diamètre B X, étant vu en raccourci ou fuyant, paraissait de beaucoup plus petit que le diamètre horizontal A C, qui ne perd de sa grandeur que juste ce qu'exige son éloignement.

Cette vue de la tour de Pornic nous fait voir le véritable horizon, dans la la ligne qui sépare le ciel d'avec la mer; c'est sur cette ligne d'horizon que doivent se trouver les deux points de fuite des lignes fuyantes de la route: cette route a deux points de fuite parce qu'elle a deux directions différentes, et que chaque direction doit avoir le sien. Ces points s'obtiennent par la rencontre d'un des côtés, prolongé de la route jusqu'à l'horizon. Lorsqu'on dessine d'après nature, on se sert du preneur d'angle pour obtenir la direction des lignes fuyantes. (Voir à ce sujet ce que nous avons dit, planche 8, fig. 83 du Traité de Perspective.)

Vue de la tour de François Ier et de l'entrée du port du Havre. (Seine-Inférieure.)

Figure 2. Comme dans le dessin précédent, nous avons deux points de fuite

7

à l'horizon ; c'est à ces points que doivent aboutir les lignes fuyantes du para-
pet ; ici l'horizon n'est pas visible : nous l'obtenons par la rencontre de deux
lignes fuyantes prolongées.

La tour de François Ier est une application de la planche 12, figure 105
du Traité de Perspective, cette figure servant à tracer les cercles d'une tour
suivant l'apparence qu'ils doivent avoir aux différentes hauteurs. Il faut remarquer que tous les cercles qui sont au dessus de l'horizon font plus ou moins
l'effet de descendre à leurs extrémités selon leur élévation, et que ceux qui
sont au dessous de l'horizon font l'inverse, c'est à dire l'effet de monter. Quand
un cercle fuyant se trouve juste à la hauteur de l'horizon, parfaitement en
face, il paraît comme une ligne droite. Il faudra aussi étudier la figure 100
(même planche), pour connaître l'effet du rapprochement des détails également espacés sur une surface courbe.

La réflexion sur l'eau de la tour et des autres objets paraît toujours en
ligne droite ; si la surface de l'eau était parfaitement unie la grandeur de la
réflexion serait juste celle des objets ; mais comme l'eau est agitée la longueur
est indéterminée.

Vingt-troisième Planche.

Sapin.

Les sapins sont des arbres résineux à feuillage toujours vert ; ils sont très
grands et terminés pyramidalement. Leur tronc est droit et uni jusqu'à leur
sommet, et les branches s'articulent après à angle droit ; par conséquent elles
s'avancent dans une direction horizontale ; mais comme ces branches sont souvent très chargées de feuilles, elles plient sous leur propre poids et retombent
vers la terre ; à leurs extrémités les jeunes pousses cherchent toujours à
s'élever : il en résulte que les branches se contournent et présentent dans
leur forme un aspect très varié. Ces branches ainsi que le tronc sont revêtus
d'une écorce blanchâtre, sèche et friable. Les feuilles sont longuettes,
planes, émoussées, échancrées par le bout, assez souples et rangées des deux
côtés d'un filet ligneux ainsi que les dents d'un peigne.

Les jeunes sapins ont souvent leurs branches inférieures tombantes et
traînant sur le terrain, comme dans la planche ci-jointe ; mais, à mesure
qu'ils gagnent en hauteur, ces branches se dessèchent et meurent, et il
n'est pas rare de rencontrer des sapins fort hauts dont les branches les plus
proches du sol en sont éloignées de cinquante et même de soixante pieds.

Ce bel arbre, qui par son feuillage et son port contraste avec tous les autres arbres, habite de préférence les lieux élevés, les hautes montagnes; c'est là, dans les endroits les plus arides, qu'il aime à croître; il brave les vents, les neiges et les frimas, et sert à protéger les lieux voisins contre les tempêtes; il insinue ses racines dans les fissures de rochers, et sait y trouver un appui et la subsistance; cependant, quoiqu'il paraisse se plaire davantage dans les régions élevées, même au dessus des pins et des mélèzes, et qu'il pousse communément à neuf cents toises au dessus du niveau de la mer, on le trouve aussi dans les lieux bas, dans les plaines; et soit par les soins des hommes, soit de lui-même, le sapin s'y est naturalisé de proche en proche, et il y forme de belles forêts, moins majestueuses peut-être que celles des montagnes.

Un sol léger, un climat froid et humide lui convient; il est très commun en Suisse, en Allemagne, dans les environs de Strasbourg, en Auvergne, en Normandie, dans les Alpes, etc. Dans l'Amérique septentrionale il couvre des espaces immenses; il croît dans le Levant. Tournefort fait mention dans ses voyages des sapins du mont Olympe, et il en parle comme des plus beaux arbres qu'il ait vus en Orient. On a aussi entendu parler des grands sapins de la Chine.

Ces arbres croissent promptement et deviennent très hauts; un sapin de cinquante ans a souvent un pied de diamètre et cent-vingt de hauteur; nous en avons vu dans le Jura, et surtout aux environs de la grande Chartreuse (Dauphiné), qui étaient énormes; ils devaient avoir de cent soixante à cent quatre-vingt pieds. Pline, livre XVI, chapitre XL de son Histoire naturelle, cite un sapin d'une hauteur remarquable et de sept pieds de diamètre, c'est à dire vingt-un pieds de tour, lequel servit de mât au plus grand vaisseau que les Romains eussent encore vu en mer, et qui avait été construit pour transporter d'Egypte l'obélisque destiné au cirque du Vatican. Bomare dit (édit. de 1800): « On voit encore sur le mont Pilat, dans le canton de Lucerne en Suisse, un sapin des plus remarquables; de satige, qui a plus de huit pieds de circonférence, sortent à quinze pieds de terre neuf branches d'environ un pied de diamètre et six pieds de long; de l'extrémité de chaque branche s'élève comme un sapin fort gros, de sorte que cet arbre imite un lustre garni de ses bougies. »

Le ton local de cet arbre est d'un beau vert noir; mais comme il y a une grande quantité de feuilles mortes dans les masses qui sont très épaisses, il en résulte que le dessous des branches est d'une couleur chaude, terre de Sienne brûlée et bitume; au printemps il est plus gai dans ces teintes, il se pare de couleurs riantes. Voici ce que Bernardin de Saint-Pierre en dit dans ses Etudes de la Nature: « A cette époque de l'année les sombres sapins même se festonnent du vert le plus tendre, et lorsqu'ils viennent à jeter de l'extrémité de leurs rameaux des touffes jaunes déterminées, ils paraissent comme de vastes pyramides toutes chargées de lampions. »

Le sapin, par rapport à son volume et à l'utilité de son bois, est après le chêne et le châtaignier au premier rang des arbres forestiers ; il entre dans la majeure partie des constructions, dans la fabrique des plus grands vaisseaux ; en Suisse on en construit entièrement les habitations appelées chalets ; en Franche-Comté les maisons, à l'exception de celles des riches, sont couvertes avec des lattes de sapin qu'on nomme *ancelles ;* les pilotis des fameuses digues de Hollande sont en bois de sapin.

Lorsque cet arbre tombe ou est abattu il se couvre en peu de temps d'une grande quantité de mousse qui le détruit fort vite : dans l'état de vétusté ce bois devient rouge.

Vingt-quatrième Planche.

Moulin de la Cage à l'île Saint-Ouen.

Le moulin de l'île Saint-Ouen est entouré de saules et de peupliers ; il est bâti sur des charpentes, qui par leur disposition lui ont fait donner le nom de Moulin de la Cage : comme forme et couleur il l'emporte sur tous les moulins à eau des environs de Paris ; aussi a-t-il été dessiné et peint par une grande quantité d'artistes et d'amateurs.

Vingt-cinquième Planche.

Bouleau.

Un aspect gracieux, une silhouette légère font ordinairement partie de la physionomie du *bouleau ;* cet arbre dans sa jeunesse a l'écorce unie, blanche et satinée : elle est au contraire fort raboteuse sur les vieux troncs, et elle s'enlève souvent par bandes blanches nacrées. Le tronc du bouleau se trouve marqué seulement vers le bas de grandes gerçures noirâtres, très irrégulières, et de taches de la même couleur disposées en majeure partie horizontalement, qui l'accompagnent dans tout le reste de sa hauteur, et marquent la place de l'attache des branches existantes, et de celles qui sont mortes et tombées. Les branches principales se dirigent de bas en haut en s'écartant plus ou moins du tronc, et elles en ont la couleur. Les jeunes rameaux sont grêles, flexibles, flottant au gré des vents et la plus grande partie est inclinée ou pendante vers la terre ; ces petites branches ont la couleur de la châtaigne. Les feuilles simples et alternes sont de moyenne grandeur, presque triangulaires et se terminant en pointe ;

leur couleur est d'un beau vert, ressemblant, mais en foncé, à la teinte des feuilles du saule ordinaire ; elles sont comme les siennes d'un vert plus blanchâtre en dessous qu'en dessus, ce qui produit un effet très piquant lorsque le vent les agite.

Cet arbre, qui forme en France une grande partie des bois-taillis, varie beaucoup de hauteur suivant la qualité du sol : il se plaît dans les bonnes terres et les terrains humides ; là il s'élève jusqu'à soixante et soixante-dix pieds ; mais, malgré cette grande élévation, son tronc n'acquiert jamais plus d'un pied et demi d'épaisseur. Il ne laisse pas de croître aussi dans les terrains les plus maigres, sablonneux, crayeux, pierreux et arides, dans les endroits où aucune autre espèce ne pourrait végéter ; mais dans ces lieux il n'est qu'un arbrisseau, qui devient rare et chétif : de même il dégénère tellement au Nord, vers le pôle arctique, que dans ces contrées, dernières limites de la végétation, on ne le trouve plus que çà et là, et il n'existe que petit, tortueux et rabougri. C'est ainsi qu'il forme seul les bois du Groënland ; il est aussi le seul arbre que l'on rencontre sur les montagnes et dans les plaines glacées de la Laponie et du Kamtschatka. D'ailleurs il est indigène de toute l'Europe ; on en rencontre beaucoup dans l'Amérique septentrionale.

Il n'est pas rare de rencontrer sous les climats glacés des bouleaux dont le bois, depuis un temps infini, est mort et détruit par la vétusté, mais dont l'écorce subsiste seule, et conserve encore à l'arbre sa figure. On trouve dans les *Études de la Nature* de Bernardin de Saint-Pierre, lorsqu'il parle de son voyage dans la Finlande russe, le passage suivant : « Nous ne trouvions nul obstacle à marcher dans leurs forêts ; quelquefois nous y rencontrions des bouleaux renversés et tout vermoulus ; mais en mettant les pieds sur leur écorce, elle nous supportait comme un cuir épais. Le bois de ces bouleaux pourrit fort vite, et leur écorce, qu'aucune humidité ne peut corrompre, est entraînée, à la fonte des neiges, dans les lacs, où elle surnage tout d'une pièce ».

On se sert de cette écorce pour recouvrir les cabanes de la Suède, de la Laponie et de plusieurs autres peuples du nord. Les sauvages de l'Amérique s'en servent pour fabriquer des pirogues très légères, qu'ils enlèvent facilement sur leurs épaules, lors de leurs incursions dans l'intérieur des terres

On peut vraisemblablement attribuer cette espèce d'incorruptibilité de l'écorce de bouleau à la partie résineuse dont elle est remplie ; aussi les habitants des Alpes en font-ils des torches, qui brûlent et les éclairent très bien.

Pline nous rapporte que ce furent les Romains qui transportèrent jadis le bouleau des Gaules en Italie, et que de ses rameaux pliants on formait les faisceaux que l'on portait devant les magistrats du peuple.

8

Vingt-sixième Planche.

Peuplier.

Nous désignons sous ce nom le peuplier pyramidal, ou peuplier d'Italie, arbre d'un aspect pittoresque, très grand, et dont le port est tout différent de celui des autres arbres ; sa forme est celle d'une pyramide élancée.

Son tronc est droit comme celui du sapin ; il se prolonge presque toujours en une branche principale et centrale jusqu'au sommet de l'arbre. Le tronc est d'un ton gris-verdâtre ; il est recouvert en partie d'un lichen jaune, et il est crevassé de gerçures peu senties. Les branches s'articulent après le tronc, où son prolongement se dirige de bas en haut, mais elles s'en écartent peu. C'est cette disposition des branches qui donne à cet arbre la forme pyramidale, qui contribue beaucoup à le faire paraître très grand ; joint à cela que les branches et le feuillage accompagnent le tronc dans toute sa hauteur, et pour ainsi dire depuis sa base.

Ses feuilles alternes ressemblent beaucoup à celles du bouleau ; elles sont triangulaires, arrondies, inégalement dentées, et se terminent en pointe. La couleur de ces feuilles est d'un beau vert foncé luisant.

Cet arbre se plaît dans les terrains gras et humides, mais on le trouve aussi dans les terres légères et sablonneuses, pourvu qu'elles ne soient pas trop sèches.

Sa forme pyramidale et régulière ainsi que sa hauteur lui assignent une place distinguée parmi les arbres d'ornement. Planté le long des rivières il produit un bel effet, surtout lorsqu'il est à côté du saule ; le feuillage de ces arbres, quoique très différent, s'harmonise à merveille, et ces deux espèces se font ressortir l'une l'autre. Quelques pieds de peuplier isolés dans un vaste jardin, ou quelques massifs distribués avec art dans un parc, forment un joli coup d'œil. Nous avons fait souvent cette remarque dans le parc de Monceaux, qui en possède de fort beaux. Les longues avenues de peupliers offrent à la vue un aspect monotone ; mais en automne, quand le vent les agite, elles portent à l'ame des idées tristes et mélancoliques.

Les plantations de peupliers faites autour des prairies et sur les bords des rivières sont ordinairement soumises tous les quatre ou cinq ans à l'émondage, c'est à dire qu'on le dépouille de presque toutes ses branches, ne lui laissant qu'un petit bouquet à son sommet.

Son tronc devient assez gros ; nous en avons vu de dix-huit à vingt pouces

de diamètre : Pelé de Saint-Maurice prétend qu'en Italie il y en a dont le diamètre a de vingt-sept à vingt-huit pouces.

Cet arbre paraît originaire des contrées orientales, puisqu'en Hongrie on
lui donne le nom de peuplier turc; mais comme les premiers individus qui
furent plantés en France vers le milieu du siècle dernier venaient d'Italie, il
prit et conserva chez nous le nom de peuplier d'Italie ou de Lombardie.

Lorsqu'en France on commença à connaître cet arbre, on le trouva si beau
qu'il devint bientôt à la mode, et qu'on voulut en planter partout. Il a été un
temps en France, dit Rosier, où l'on ne voyait, ne parlait, ne plantait plus
que des peupliers d'Italie; c'était une manie, une fureur qui en fit établir
des pépinières dans presque toutes les provinces; on alla même jusqu'à
écrire que cet arbre pourrait servir à faire des mâts de vaisseau. La *populo-
manie* fit déraciner les avenues plantées en ormeaux, en tilleuls, et sous lesquelles on bravait les ardeurs du soleil.

Vingt-septième Planche.

Moulin à eau à Sivry-sur-Meuse.

Ce dessin est une application des planches 9 et 15, fig. 86, 87 et 117 du
Traité de Perspective, pour dessiner d'après nature.

Il faut donc que les tuiles à canal qui se trouvent sur le toit de la fabrique de
droite, celle qui est le plus près de nous, soient menées parallèlement avec la
règle et l'équerre (parallèle géométrique); mais sur le toit de la fabrique la plus
élevée les tuiles se trouvent vues en fuite, attendu que le toit est de face et fuyant.
Alors les rangées de ces tuiles doivent, étant prolongées, se réunir à un point
qui serait placé sur la verticale élevée de l'horizon, sur le point de fuite de cette
face fuyante de cette fabrique. Ce point doit être le point de fuite principal,
parceque cette fabrique a une de ses faces parallèle à la face du tableau ou vue
de face.

Vingt-huitième Planche.

Cerisier.

Le cerisier est un arbre et quelquefois un arbrisseau qui, sans être très
élégant dans son aspect, a cependant une certaine originalité. Son tronc est

couvert d'une écorce d'un violet-grisâtre , nuancé de tons laqueux. Cette écorce est fort lisse et très luisante sur les jeunes troncs; elle est raboteuse sur les vieux, et elle s'enlève par bandes horizontales de même qu'au tronc du bouleau. A la naissance des branches inférieures le tronc du cerisier présente presque toujours des accidents, tels que nœuds et protubérances très prononcés. Ces accidents très variés donnent à la forme du tronc de cet arbre un caractère qui lui est particulier. Les branches, dont aucune ne peut passer pour la principale, se dirigent dans toutes les directions; mais cependant la majeure partie est rayonnante et disposée à peu près en éventail. Ces branches sont garnies de beaucoup de rameaux fragiles qui portent les feuilles; ces rameaux sont toujours d'un ton plus rouge que le tronc.

Les feuilles sont longues, ovales, lancéolées, un peu dentées : cet arbre fleurit des premiers; ses fleurs ont un éclat charmant par leur nombre et leur blancheur; à la fleur succède un fruit arrondi, rouge lorsqu'il est mûr. Sa couleur contraste agréablement avec les feuilles.

Le cerisier aime les pays de montagne et les coteaux élevés, les terrains de nature calcaire, ceux qui sont légers et même sablonneux, pourvu qu'ils ne soient pas trop chauds ni trop arides.

Tous les auteurs anciens qui ont parlé du cerisier se sont accordés pour donner à cet arbre une origine étrangère. Pline assure positivement qu'il n'existait pas en Italie avant la victoire de Lucullus sur Mithridate, et que ce fut ce général qui l'y transporta du royaume de Pont, l'an de Rome 680.

Plusieurs auteurs prétendent qu'il a pris son nom de Cérasonte.

Tournefort, *Voyage du Levant*, tome II, dit : « La campagne de Cérasonte nous parut fort belle pour herboriser; ce sont des collines couvertes de bois, où les cerisiers naissent d'eux-mêmes.

Cet arbre paraît se plaire dans les régions tempérées et même un peu froides, beaucoup plus que dans les pays chauds, et c'est ce que les anciens avaient déja observé; car Pline dit : Quelque soin qu'on ait pris, le cerisier n'a jamais pu se faire au climat de l'Egypte, tandis que cent-vingt ans après son introduction en Italie il fut transporté dans la Grande-Bretagne : et ce qui prouve bien que les parties un peu septentrionales de l'Europe conviennent mieux à cet arbre, c'est que les plus belles espèces s'en trouvent en Angleterre, en Hollande, en Allemagne, en Prusse, etc.

Les routes, dit Calvel, dans plusieurs parties de l'Allemagne sont bordées de cerisiers sous la forme d'arbres pyramidaux : il y en a de la hauteur et du diamètre des plus gros marronniers des Tuileries, sur le chemin de Brunn à Olmutz, pendant l'espace de vingt lieues.

Vingt-neuvième Planche.

Platane.

Le Platane est un arbre fort élevé, très touffu et dont la silhouette se dessine avec beaucoup d'élégance.

Le tronc en est droit, cylindrique, uni; il est recouvert d'une écorce lisse qui se détache annuellement par grandes plaques minces. Cette écorce est d'un ton gris-jaune, mais aux endroits nouvellement dépouillés elle est verte. Les branches sont assez droites; elles se dirigent de bas en haut. Les branches inférieures ou les plus près du sol en sont encore fort éloignées; donc le tronc s'élève assez haut sans aucun branchage. Les feuilles sont alternes, larges, découpées en cinq parties, plus ou moins profondément, et à peu près comme celles de la vigne, c'est à dire en forme de main. Ces feuilles sont lisses et fermes comme du parchemin; elles sont rarement endommagées par les insectes; elles conservent leur verdure jusqu'aux premières gelées; la tête du platane forme une belle touffe tellement garnie de feuilles et de branches que du pied de l'arbre on n'y pourrait découvrir le plus gros oiseau qu'on saurait y être perché. Le platane se plaît beaucoup dans les lieux humides; son bois peut être comparé à celui du hêtre ou du chêne pour la qualité; il est jaunâtre, uni, dur et sans fil.

Parmi les arbres célèbres dans l'antiquité le platane occupe le premier rang. Poètes, orateurs, historiens, naturalistes, voyageurs, tous ont parlé de lui; Homère lui donnait l'épithète d'*ombrageux*, parceque les anciens avaient coutume de prendre leur repas sous son feuillage; Virgile (*Géorgiques*, liv. II) le qualifie de *stérile*; il ne le considère que comme un objet de luxe, parcequ'il ne porte pas de fruits bons à la nourriture des hommes. Il sert à donner de l'ombrage, a dit Horace (*Ode* 8, liv. II). Dans la Grèce toutes les avenues des portiques où les citoyens allaient s'instruire à la philosophie étaient plantées en platanes. Suivant Pausanias les Lacédémoniens donnaient le nom de *Plataniste* à une île de l'Euripe couverte de platanes, et où la jeunesse s'exerçait aux combats : on voit encore aujourd'hui quelques platanes dans cet emplacement, situé en Morée, sur le rivage de Vasili-Potamo, au sud-est de Dromos. Hérodote raconte que Xerxès trouva en Lydie un si beau platane qu'il l'entoura d'un collier d'or, et en confia la garde à l'un des dix mille immortels; Ælien ajoute qu'il passa une journée entière sous son ombrage, et campa aux environs sans autre motif que celui de le contempler. Socrate avait coutume de jurer par le platane, ce qui offensa les habitans de Milet, parce-

9

qu'ils regardaient comme un grand crime de jurer par un si bel arbre. Pline dit que le platane fut importé de l'Asie dans la Grèce; de là par mer, d'Albanie à l'île de Diomède, nommée alors Pelagosa, où il servit d'ornement au tombeau de ce roi; de là il passa en Sicile, et ensuite en Italie. Au temps de Pline il était répandu en Europe jusque dans le Boulonnais : mais, dit ce naturaliste (liv. XII, chap. 1), cette nation nous paie jusqu'à l'ombre dont nous la laissons jouir. Denys l'Ancien, tyran de Sicile, en fit planter dans ses jardins (*Théophraste*, liv. IV, chap. 7). Le platane est regardé par Pline et Théophraste comme l'arbre de la plus longue durée. Pline ajoute qu'il y en avait un de son temps dans un bois d'Arcadie, qui avait été planté de la main d'Agamemnon. A Athènes il y avait un platane si prodigieux que ses racines excédaient de trente-six pieds l'ombrage de ses branches. Pline fait mention d'un platane célèbre en Lycie, planté près d'une fontaine sur le grand chemin, dont le tronc avait quatre-vingt-un pieds de circonférence; ses branches étaient si fortes qu'elles étaient comparées à autant d'arbres particuliers, et son ombrage était une espèce de bosquet touffu, impénétrable aux rayons du soleil. Cet arbre par le laps des siècles était devenu creux; on le nommait *la Maison* ou *la Grotte végétante*: on y voyait des bancs de mousse sur lesquels se reposaient les voyageurs fatigués : cela parut si extraordinaire au gouverneur de cette province, Licinius Mucianus, qu'il crut devoir transmettre à la postérité qu'il avait mangé dans cette grotte avec dix-huit personnes; dans ce festin il n'y avait pour lit de table que les feuilles, et on y était parfaitement à l'abri du vent; l'épaisseur du feuillage ne permettait pas d'entendre le bruit même d'une grosse pluie, quelque attention qu'on s'efforçât d'y donner. Dans la cavité d'un autre platane, continue Pline, le prince Caius, petit-fils d'Auguste, soupa avec quinze personnes, environné de toute sa suite. L'empereur Caligula trouva aux environs de Veletri un platane surprenant: il avait des branches horizontales disposées en planche et d'autres qui pouvaient servir de bancs, ce qui formait une espèce de salle; de sorte que ce prince y donna un festin à quinze personnes: et quoiqu'il occupât lui seul une partie de cet arbre, non seulement tous les convives étaient à l'ombre, mais encore il y avait assez de place pour que les officiers pussent faire leur service. Le père Ange de Saint-Joseph dit aussi avoir vu près d'Ispahan un platane sur les branches duquel on avait construit une espèce de tente où cinquante personnes pouvaient trouver place.

Ce fut vers le temps de la prise de Rome par les Gaulois qu'on apporta pour la première fois des platanes en Italie; les Romains en firent tant de cas qu'ils furent bientôt fort communs; ils poussèrent jusqu'à l'idolâtrie leur goût pour ce bel arbre; ils arrosaient ses racines avec du vin et le plaçaient dans les terrains les plus favorables et les mieux entretenus.

Ceux qui ont voyagé en Perse ont été étonnés de la beauté des jardins royaux d'Ispahan, plantés de platanes toujours verdoyants, malgré la chaleur excessive du climat, par les soins que l'on prend d'entretenir la fraîcheur des racines par des rigoles d'eau courante. Olearius fit cette observation en 1637, et ajoute que les Perses se servent du bois de platane pour leur charpente et leur menuiserie ; qu'il est, étant vieux, de couleur brune mélangée de veines jaspées ; qu'étant frotté d'huile il surpasse en beauté le noyer. En Perse, et surtout à Ispahan, on le cultive dans les jardins et dans les rues, dans l'intention de détruire toute espèce de contagion.

De l'Italie, le platane, suivant Pline, gagna l'Espagne et la France, et il y était cultivé par les personnes du premier rang. On lit dans l'*Encyclopédie* que quand cet arbre fut importé en France les plus grands seigneurs faisaient un si grand cas de son ombre qu'on exigeait un tribut des gens qui voulaient s'y reposer.

Gerrard, dans son Dictionnaire de botanique dit qu'alors (1598) le platane était inconnu en Allemagne, en Flandre et en Angleterre, et que l'un de ses amis lui en apporta de la graine du port de Lépante, en Morée ; ce fut le chancelier Bacon qui introduisit le platane en Angleterre. Evelyn l'assure dans la quatrième édition de ses ouvrages (1678). Il dit en avoir vu à sa terre de Verulam dans le Herfordshire.

Les Grecs du mont Athos, dit Bellon (*Voyage dans le Levant*), font des bateaux avec de gros troncs de platane d'une seule pièce.

Le platane chez les anciens était consacré au génie.

L'épithalame d'Hélène fait par Théocrite passe pour un chef-d'œuvre ; le poète suppose qu'Hélène est chantée par les filles de Lacédémone, couronnées de jacinthes : « Uniquement occupées de vous, lui disent-elles, nous allons vous cueillir une guirlande de lotos ; nous la suspendrons à un platane, et en votre honneur nous y répandrons des parfums. Sur l'écorce du platane on gravera ces mots : « *Honorez-moi, je suis l'arbre d'Hélène.* »

Trentième Planche.

Fontaine de *Ville-d'Avray*, dite *Fontaine du Roi*.

Cette fontaine, renommée pour la bonne qualité de ses eaux, est d'une forme simple, mais elle est d'une belle couleur, nuancée de tons riches qui s'harmonisent à merveille avec la végétation abondante et vigoureuse qui l'ombrage ; cette végétation présente de belles masses de verdure du plus bel effet, qui forment avec le monument un aspect des plus satisfaisants pour l'œil.

Orme.

L'*orme* est un grand et gros arbre de futaie ; il a le tronc fort, rameux, assez droit, couvert d'une écorce crevassée irrégulièrement, et faisant l'effet de s'enlever par écailles plus ou moins longues ; la forme de ces écailles varie beaucoup ; elles paraissent rudes. La couleur locale du tronc est d'un gris cendré ; quelquefois il est couvert par places d'un lichen blanchâtre, et à sa base croît une mousse très mince d'un vert peu foncé.

On trouve souvent aux troncs d'ormes des parties d'écorce enlevée ; ces écorchures laissent voir le bois à découvert ; ce bois est robuste, dur, d'un ton jaunâtre tirant un peu sur le rouge ; des nœuds et des loupes en grande quantité accompagnent quelquefois le tronc et interrompent sa rondeur. Les branches s'étalent ou s'étendent beaucoup ; elles se dirigent de bas en haut en s'écartant plus ou moins du tronc ; souvent elles sont très tortillées, mais la majeure partie est droite. Arrivé à une certaine hauteur on ne peut plus reconnaître la branche principale : alors elles forment à l'arbre une belle tête. Les feuilles sont alternes, pétiolées, très glabres, ridées, oblongues, dentelées en leurs bords, pointues ; leur grandeur varie beaucoup ; à de certains ormes elles sont aussi petites que l'ongle, et à d'autres elles sont plus larges que la main ; les uns ont les feuilles rudes, d'autres molles. On dit vulgairement que l'*orme à larges feuilles* est femelle, et que celui à *petites feuilles* est mâle, mais c'est improprement. La couleur des feuilles d'orme est d'un vert-gris foncé.

L'orme croît dans les champs et dans les plaines, en terre grasse et humide ; on en rencontre beaucoup le long des routes, des chemins, et près des rivières.

L'orme se prête et se plie à toutes les formes ; il est très propre pour faire des bosquets, des quinconces, des salles de verdure, des allées et de grandes avenues, qu'on appelle *ormaies*, et dont l'ombrage a une réputation de salubrité pour le bétail et même pour les hommes.

Anciennement, en France, on avait ordinairement une ormaie derrière sa maison pour servir d'abri, de perspective, de promenade ; et comme les chasseurs, à cette époque, appendaient aux portes des églises les dépouilles des animaux qu'ils avaient tués, par la suite, pour exposer plus commodément ces trophées, on imagina de planter un orme devant chaque église ; enfin on supprima ces espèces d'offrandes, mais on conserva dans plusieurs provinces l'usage de planter des ormes en face des églises de village.

Ray dit avoir vu en Angleterre plusieurs *ormes* de trois pieds de diamètre sur une longueur de plus de quarante pieds. Ce célèbre botaniste rapporte encore qu'un orme à feuilles lisses de dix-sept pieds de diamètre au tronc sur cent-vingt pieds de diamètre à sa tête ou pomme, ayant été débité, sa tête seule produisit quarante-huit chariots de bois à brûler, et que son tronc, outre seize billots, fournit huit mille six cent soixante pieds de planches; toute sa masse fut évaluée à quatre-vingt-dix-sept tonnes.

Il y avait dans le même pays un orme creux, à peu près de la même taille, qui servit long-temps d'habitation à une pauvre femme qui s'y était retirée pour faire ses couches.

J'ai dessiné à Viarme (Oise) un orme qui borde la route conduisant à Paris; cet arbre doit avoir à peu près la dimension de ceux dont parle Ray; il est encore très vigoureux malgré son grand âge, et sa végétation peut soutenir la comparaison avec celle des jeunes ormes qui l'entourent.

En Italie, où l'on n'a que des vignes hautes, on plante des ormes pour les accoler et les soutenir; c'est ce que les Latins ont appelé *ulmus marita*, c'est à dire *orme marié* avec la vigne.

Claude le Lorrain a souvent représenté de beaux ormes dans les premiers plans de ses tableaux.

La fable dit que ce fut sous un orme qu'Orphée, après la mort d'Eurydice, déplora son malheur sur sa lyre, et que ses premiers accords firent naître une forêt d'ormes.

Chez les anciens l'orme était un arbre funéraire: on le plantait autour des tombeaux.

La fable dit encore qu'Achille tua Ætion, père d'Andromaque, mais qu'il lui éleva une tombe que les nymphes des montagnes entourèrent d'ormeaux.

Dans l'Iliade, deux fleuves de Phrygie, le Xanthe et le Simoïs, se réunissent contre Achille; ils se débordent et le mettent en danger d'être entraîné par leurs eaux; mais Achille arrache un orme, l'abat, et s'en fait un pont qui le sauve du péril.

Trente-unième Planche.

Chêne.

Le chêne domine en roi parmi les arbres de l'Europe: c'est le plus grand, le plus beau, le plus utile et le plus robuste des habitants de nos forêts; c'est son image qui s'offre d'abord à la poésie quand elle veut peindre la force qui résiste, comme l'image du lion s'y présente pour exprimer la force qui agit; le nom latin *robur* indique cette vigueur qui caractérise le chêne; c'est par cette qualité plutôt que par sa grosseur que le chêne l'emporte sur tous les arbres indigènes et sur un grand nombre de ceux des autres climats, car il y a plusieurs espèces qui s'élèvent plus haut que lui, et d'autres espèces dont le tronc acquiert une dimension bien plus considérable.

Le tronc du chêne est couvert d'une écorce épaisse, raboteuse, rude et cre-

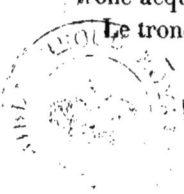

10

vassée dans la vieillesse, et presque lisse aux jeunes sujets ; la couleur générale est d'un gris un peu vineux, nuancé par places de tons lacqueux. L'écorce est recouverte par parties, principalement à la base du tronc et sur le côté opposé au bois, au côté qui a le plus d'air, d'un lichen blanc qui semble avoir été jeté dessus comme pour le saupoudrer. Ce lichen lui donne souvent un ton blanchâtre qui est interrompu par des écorchures couleur terre de Sienne brûlée, et par une mousse vert foncé ; cette mousse se trouve sur la base du tronc, sur presque tous les nœuds, les protubérances, et principalement sur les branches, qu'elle fait paraître noirâtres en dessus.

Les branches du chêne s'articulent après le tronc presque à angle droit, du moins la majeure partie ; par conséquent elles se dirigent horizontalement : elles sont bizarres dans leur forme, irrégulières, tortillées en zig-zag, et il est rare d'en rencontrer sur le même arbre qui se ressemblent, tant elles sont variées. Ces branches sont fortement articulées ; elles présentent en général un aspect de grandeur.

Les feuilles sont d'un beau vert, glabrées des deux côtés, plus larges à leurs extrémités, découpées dans leurs bords par des sinuosités, arrondies et attachées à des pédicules assez courts ; ces feuilles forment des masses prononcées ; lorsque le soleil les éclaire elles sont brillantes, surtout si elles ont un repoussoir vigoureux. En examinant ces masses on distingue la couleur de l'astre du jour réfléchie par une grande quantité de feuilles, tandis que d'autres par leur position réfléchissent l'azur des cieux ; celles qui se trouvent entre le soleil et le spectateur sont du plus beau vert. L'ensemble de ces diverses nuances rend quelquefois ces masses éblouissantes ; il est à remarquer que celles qui sont les plus brillantes sont toujours les plus près du sol. Les petites branches frappées des rayons solaires en empruntent la couleur, étant lisses et dépourvues de mousse et de gerçures. Dans l'ombre les masses de feuilles sont d'un ton vert mêlé d'azur au ton du ciel.

Plusieurs espèces de chênes conservent leurs feuilles jusqu'au printemps, mais tout l'hiver elles sont d'un beau rouge, variant de couleur depuis le vermillon jusqu'au brun rouge. Le chêne paraît appartenir exclusivement aux climats tempérés ; les chaleurs de la zone torride lui conviennent aussi peu que les froids des contrées glacées du nord ; on ne le trouve pas non plus sur les montagnes élevées dont la température est analogue à celle des régions polaires ; il croît naturellement dans les pays du milieu et du midi de l'Europe, dans l'Afrique septentrionale, dans quelques parties de l'Asie, de la Chine, etc.; en Amérique on n'a observé jusqu'à présent de chêne que dans les Etats-Unis, le Mexique et la Nouvelle-Espagne. Le chêne ne dédaigne presque aucun terrain, cependant la nature du sol et son exposition lui donnent un aspect différent

Dans les terrains bas et humides il a le tronc plus droit, il vient plus grand, il est alors plus propre à la charpente ; dans les terrains secs, les montagnes, il vient moins haut, étale plus ses branches et a le tronc plus noueux.

Cet arbre était très renommé dans la haute antiquité ; il était chéri des Grecs et des Romains, chez lesquels il était consacré au père des dieux ; la plus belle récompense que ces nations pouvaient offrir à la vertu était une branche de chêne tressée en couronne ; il fut aussi l'objet de la vénération de nos pères, qui, dirigés par les druides, ne célébraient aucun culte que sous les auspices du *gui de chêne* sacré.

Bayle dit qu'on assurait que sous l'empire de Constantin il existait encore un chêne devenu fameux parceque l'on croyait qu'Abraham s'était souvent reposé sous son feuillage, et que c'était près de cet arbre qu'il avait reçu la visite des trois anges qui lui annoncèrent la naissance d'Isaac. Ce chêne était située dans une des belles campagnes de la tribu de Juda, dans la vallée de Mambré ; ce fut sous un chêne à Ephra que s'assit l'ange du Seigneur qui apparut à Gédéon. Ce fut aussi près d'un chêne sur le Thabor que Saül rencontra trois hommes que lui avait dépeints le prophète Samuel, et qui devaient, avec d'autres rencontres prédites aussi par Samuel, lui servir de signe pour lui prouver qu'il devait être roi.

Il paraît que dans les anciens temps il y avait des arbres dans le temple du vrai Dieu, car la Bible dit que Josué écrivit les ordonnances et les préceptes du Seigneur dans le livre de la loi, et qu'il prit une très grande pierre qu'il mit sous un chêne qui était dans le sanctuaire du Seigneur, afin que cette pierre servît de monument et de témoignage au peuple des paroles qu'il venait d'entendre : c'est sans doute de cette coutume des Hébreux que les païens prirent celle de mettre aussi des arbres dans leurs temples ; ces arbres d'abord furent véritables, ensuite ils les firent d'or et d'autres métaux.

Les anciens croyaient que de tous les arbres le chêne était né le premier. Parmi les plus anciennes forêts de l'antiquité on doit citer celle de Dodone, en Epire : elle était plantée de chênes consacrés à Jupiter, et ces chênes rendaient des oracles, en produisant de certains sons interprétés par les dodonides ou prêtresses du temple de Jupiter ; ce temple était au milieu de cette forêt.

La fable dit que le lit d'Endymion était placé sous un chêne voisin de la grotte des nymphes.

Diodore de Sicile prétend que les chênes des monts Héréens, en Sicile, étaient extraordinairement grands.

Le plus célèbre athlète de la Grèce, Milon de Crotone, ayant trouvé au milieu d'une forêt un vieux tronc de chêne entr'ouvert par les coins qu'on y avait enfoncés à coups de hache et de marteau, voulut, dans la confiance qu'il avait de sa force surnaturelle, achever de le fendre avec ses mains ; mais dans cet effort il dégagea les coins, et ses mains se trouvèrent prises et serrées par le ressort des deux parties de l'arbre qui se rejoignirent, de manière que ne pouvant se débarrasser il fut dévoré par les loups.

Sur le mont Lycée en Arcadie était un temple de Jupiter avec une fontaine dans laquelle on jetait une branche de chêne lorsque l'on désirait obtenir de la pluie.

Teut, divinité des Celtes, était adoré dans les plaines sous la figure d'un chêne.

Lucain compare Pompée à un vieux chêne chargé de superbes trophées.

La vénération que les anciens avaient pour le chêne donna lieu à un proverbe grec et latin : *parler au chêne* signifiait parler en toute sûreté.

Il existait encore il n'y a pas long-temps dans le bois de Vincennes un chêne sous lequel S. Louis s'asseyait pour y écouter les plaintes et les demandes de ses sujets et leur rendre justice.

Le chêne est dans le blason l'emblème de la force et de la puissance.

En Angleterre, à un mille de Shrewsbury, au fond d'un bois est *Boscobel-house*, maison où Charles II, fugitif et proscrit, reçut une généreuse hospitalité; près de là est le *royal oak* (le chêne royal), où ce prince se tint caché pour éviter les poursuites de ses ennemis. Depuis, Charles II, paisible possesseur du trône, revint voir et la maison de campagne où on l'avait reçu, et le chêne dans lequel il s'était réfugié; il y cueillit quelques glands qu'il planta dans le parc de Saint-James, et qu'il allait arroser lui-même tous les matins.

Daléchamp (tome 1er) dit qu'on voyait de son temps dans la forêt de Transac, en Berry, un chêne d'une élévation et d'une grosseur incroyables; François Ier, charmé de la beauté de cet arbre, le fit entourer d'une terrasse et d'une barrière, et il venait se délasser sous son ombrage quand il avait chassé dans cette forêt.

Secondat, dans ses *Mémoires sur l'Histoire naturelle du Chêne,* dit avoir vu un de ces arbres de trente pieds de tour.

Harlay rapporte que, dans le comté d'Oxford en Angleterre un chêne dont le tronc avait cinq pieds carrés dans une longueur de quarante pieds, ayant été débité, ce tronc produisit vingt tonnes de matières, et que les branches rendirent vingt-cinq cordes de bois à brûler. Cet arbre paraît être le même que celui cité par *Plot* dans son *Histoire naturelle d'Oxford,* dont les branches de cinquante-quatre pieds de longueur, mesurées depuis le tronc, pouvaient ombrager trois cent quatre cavaliers, ou quatre mille trois cent quatre-vingts piétons.

Ray rapporte dans son *Histoire générale des Plantes* qu'on voyait de son temps en Westphalie plusieurs chênes monstrueux, dont l'un servait de citadelle, et dont l'autre avait trente pieds de diamètre sur cent trente pieds de hauteur. On peut juger de la grosseur prodigieuse de ces arbres par celui duquel furent tirées les poutres transversales du fameux vaisseau appelé *le Royal Do-verling*, construit par les ordres de Charles Ier, roi d'Angleterre : ce chêne fournit quatre poutres, chacune de quarante-quatre pieds de longueur sur quatre pieds neuf pouces de diamètre. L'arbre, continue *Ray*, qui servit de mât à ce vaisseau, mérite d'être cité, quoique d'un autre genre ; il avait qua-tre-vingt-dix-neuf pieds de long sur trente-cinq pieds de diamètre.

Le bois de chêne réunit tant d'excellentes qualités, tant d'avantages, qu'il est le plus recherché de tous les arbres pour un très grand nombre d'ouvra-ges ; pour la structure des moulins, des pressoirs ; pour la menuiserie, le charbonnage ; pour des treillages, des échalas, des cercles ; pour du bardeau, des écluses, des lattes, et pour tous les ouvrages où il faut de la solidité, de la force, du volume et de la durée, et notamment pour la charpente des bâ-timents et la construction des navires. Les défauts du chêne, dit *Bomare*, sem-blent faits pour ajouter à sa force, et pour le rendre propre à certains usages particuliers. Le tronc d'un vieux chêne se tortille souvent ; il devient pour lors très propre à faire des piliers et des colonnes destinés à porter de grands poids. On appelle *merrain* le cœur du chêne ; on en fait des douves. Lorsque ce bois est bien sec, et coupé dans une saison favorable afin qu'il ne se tour-mente pas, il dure jusqu'à six cents ans, pourvu qu'il soit à couvert des in-jures de l'air ; sous terre et dans l'eau en pilotis, l'on dit qu'il se conserve jus-qu'à quinze cents ans.

Le chêne est utile dans toutes ses parties : on fait usage de l'écorce de cet arbre encore jeune, réduite en poudre, pour préparer les cuirs ; la sciure de de son aubier, son bois et même le cœur du bois, ont la même propriété. L'é-corce sert aussi pour teindre en jaune-brun ou en noir ; on forme des mottes à brûler avec celle qui a passé les cuirs ; on en fait usage aussi pour faire des couches dans les serres chaudes.

Le *gland*, fruit du chêne, sert de nourriture aux bêtes fauves ; c'est une excellente nourriture pour les cochons, dont le lard par ce moyen acquière une qualité supérieure ; au besoin il sert aussi à engraisser certaines volailles. En Espagne, on vend dans les marchés des glands d'une saveur douce et agréable, comme ici on vend les châtaignes.

En 1709 (année de disette), de pauvres gens firent du pain avec la farine de notre gland. Quoique ce pain fût très désagréable au goût, il s'en fit une grande consommation dans plusieurs provinces de France.

Ainsi le chêne, majestueux ornement de nos forêts, jouit d'une juste pré-éminence sur tous les arbres de l'Europe, puisqu'il la doit surtout à son utilité.

11

Trente-deuxième Planche.

Intérieur à voûte d'arête en ogive.

Les ogives qui forment la voûte ayant leurs côtés égaux à la largeur de leur base, doivent se tracer comme à la planche 13, fig. 110, du *Traité de perspective*. Pour la porte terminée en ogive il faut employer l'opération indiquée planche 14, fig. 111, du même Traité. On est obligé pour cela de former à part une ogive de face.

Pour trouver la forme de la partie éclairée par le soleil il faut consulter la planche 21 du *Traité de perspective*, planche qui traite des ombres produites par le soleil lorsqu'il se trouve placé devant le spectateur.

La portion du mur qui fait angle droit avec celle qui est éclairée doit être reflétée vigoureusement, surtout dans le bas, parceque dans cette partie elle reçoit la lumière du mur éclairé et une partie de celle du terrain.

Trente-troisième Planche.

Tronc de marronnier.

Les personnes qui ont étudié cet ouvrage avec soin doivent être en état de commencer à dessiner d'après nature; je pense même que beaucoup ont déjà essayé; je vais donc leur indiquer de quelle manière il faut que les objets soient éclairés et comment il faut les choisir lorsque l'on veut les dessiner ou peindre. Exemple : *pour représenter un tronc d'arbre* il ne faut pas retracer le premier que l'on rencontre; il faut en examiner plusieurs, et ne s'arrêter qu'à celui qui offre le plus de beauté comme aspect, couleur et détails. Ce goût dans le choix s'acquière vite : il ne demande que peu d'expérience. Ce qui est bien au marronnier de cette planche, c'est son contour ondulé; les écailles de son écorce se dirigent dans des sens différents, et sont de grosseur inégale; elles ont des nœuds, des écorchures, etc., etc.

Le choix de l'arbre une fois fait, il faut s'occuper de la distribution des clairs et des ombres, car c'est de là que dépend l'effet. Il faut se rappeler que la lumière et l'ombre grandissent ou diminuent continuellement aux dépens l'un de l'autre par le mouvement continuel de la terre; que telle partie qui est éclairée admirablement le sera trop peu de temps après, ou ne le sera plus du tout, suivant la position du soleil par rapport à l'arbre et au spectateur; par conséquent, lorsque le tronc d'arbre choisi est éclairé convenablement, produisant un bel effet, il faut regarder quelle heure il est et se contenter ce jour-là de le dessiner purement, indiquant les détails principaux sans avoir égard au clair et à l'ombre. Le lendemain, voulant continuer, on reviendra se placer au même endroit, ayant soin d'arriver au moins une demi-heure plus tôt afin d'être prêt à commencer à la même heure que la veille, car alors l'effet sera à peu près le même. On commencera par tracer le contour de la forme exacte du clair, puis on mettra une teinte d'ombre sur toute la partie que l'astre n'éclaire pas; puis l'on placera les demi-tons afin de faire tourner (consulter la planche 6, fig. 2, de cet ouvrage). La disposition est à peu près la même, seulement pour ce tronc de marronnier, qui nous sert d'exemple, la lumière est plus large et laisse par conséquent moins de place pour l'ombre; cependant, malgré son peu d'étendue, on doit apercevoir dans sa masse les mêmes demi-teintes se liant entre elles et se noyant avec le contour afin de faire tourner l'arbre. Lorsque l'on est parvenu à représenter le degré de rondeur qu'offre le modèle on s'occupe des détails, qu'il faut rendre toujours largement; se rappeler à cet effet ce que nous avons dit planche 17, à l'occasion d'un tronc de chêne. Pour tous les autres objets on devra opérer comme pour ce tronc de marronnier.

𝔗rente-quatrième 𝔓lanche.

Fabriques dessinées d'après nature à Saint-Martin (Oise).

Ces fabriques sont placées *vues d'angle,* c'est à dire que leurs côtés fuyants font angle demi-droit avec les lignes horizontales, et qu'étant prolongés ils doivent se réunir aux points de distance sur l'horizon. Commençant par la tour carrée, il faudra étudier, dans le *Traité de perspective* pour dessiner d'après nature, la planche 16, dans laquelle la figure 120 explique la position de cette tour ainsi que la direction de ces lignes; et la figure 124, qui donne les opérations servant à la tracer; car les côtés A M, A N, peuvent être considérés comme côtés d'une tour carrée, puisqu'ils sont de la même grandeur; la ligne M O N est la diagonale.

Pour tracer le toit il faut se rappeler que le sommet est perpendiculairement au dessus de la rencontre des diagonales du carré supérieur.

Pour tracer l'avance, consulter la figure 123 servant à circonscrire un carré autour d'un carré donné.

Pour tracer les lignes fuyantes de la seconde fabrique on pourra employer les opérations, fig. 133, 134 ou 135, pl. 18, du *Traité de perspective.*

Le mur qui est au fond à droite fait angle droit avec les fabriques; il devra être tracé par l'opération donnée fig. 125, pl. 16, *Traité de perspective.*

Les figures placées sur le terrain du premier plan sont un peu grandes, cependant l'on ne peut pas trouver à redire à cela, attendu que ce terrain est un plan coupé, ce qui empêche de trouver sa hauteur exactement; on ne peut donc dans ce cas agir qu'approximativement; et il vaut mieux que les figures soient plutôt trop grandes que trop petites : cela suppose que le terrain sur lequel elles sont placées est plus ou moins élevé ; seulement il faut avoir soin de les mettre en rapport avec les objets du plan sur lequel elles se trouvent : consulter l'article pour placer des figures dans les plans coupés ou terrains dont on ne voit pas la base, page 49 du *Traité de perspective*.

Trente-cinquième Planche.

Marronnier d'Inde.

Le marronnier d'Inde tire son nom de celui de ses graines nommées *marrons*.

Le tronc de cet arbre est droit, il est recouvert d'une écorce lisse cendrée sur les jeunes sujets, et qui devient fort raboteuse, gercée et couleur brun foncé sur ceux qui ont acquis leur force.

Les branches sont droites, articulées fortement, et se répandent au large.

Sur la tige principale ou prolongement du tronc s'élève une large tête pyramidale, garnie d'un superbe feuillage d'un vert foncé ; vers le milieu du printemps cet arbre se pare de grandes pyramides de fleurs blanches panachées de rouge, et placées au bout des rameaux qui la portent ; ces fleurs brillent avec un vif éclat sur la verdure qui leur sert de fond.

Les feuilles sont opposées, presque circulaires, disposées en main ouverte, larges de plus d'un pied, composées de cinq ou sept folioles, qui sont ovales, oblongues, de grandeurs inégales, pointues, dentées et partant comme les rayons d'un parasol du sommet d'un long pétiole.

Le marronnier d'Inde est un arbre de première grandeur, il s'élève à plus de soixante-dix pieds ; il réussit dans tous les sols et dans toutes les situations pourvu qu'il trouve une humidité suffisante.

Il croît naturellement dans les contrées septentrionales de l'Asie ; quelques personnes croient qu'il se trouve encore dans le Nouveau-Monde ; mais cette opinion n'est fondée que sur le passage suivant de *Duhamel*, au sujet de ce végétal : « Nous savons que cet arbre se trouve vers les Illinois, car on en apporta des fruits à M. le marquis de La Galissonnière, lorsqu'il était gouverneur au Canada. »

Ce fut vers l'année 1550 que le marronnier d'Inde passa de l'Asie en Europe. *Clusius* l'introduisit à Vienne, en Autriche, en 1558 ; et M. Bachelier, en 1615, l'apporta de Constantinople à Paris, où il le planta dans le jardin de Soubise ; le second marronnier vécut au jardin du roi, planté en 1650, et mourut en 1767 ; le troisième fut planté au jardin du Luxembourg.

Actuellement cet arbre est cultivé dans toute l'Europe ; le parc de Saint-

Cloud et le jardin des Tuileries en possèdent de très beaux ; mais le plus grand que j'ai vu est à Ecouin, il est situé au milieu d'une place ; il peut avoir soixante-et-dix pieds de haut sur quatre-vingts de largeur, tant ses branches sont longues.

Le marronnier, plus que tout autre arbre, offre de belles masses de verdure d'un beau vert ; en automne il devient de couleur brun-rouge, et même quelquefois en été par les grandes sécheresses les feuilles exposées au midi se bordent de cette couleur, tandis que les masses un peu profondes dans l'arbre restent vertes, ce qui produit un heureux contraste.

Vu de loin, le marronnier ne présente plus qu'une masse arrondie sans détails à la silhouette.

Trente-sixième Planche.

Vue prise près des bords du Rhin.

Pour construire la tour octogone il faut avant étudier la fig. 144, planche 19, du *Traité de perspective*, pour dessiner d'après nature. Comme position cette tour a quatre côtés visibles : un qui est vu de front, deux côtés qui vont tendant aux points de distance sur l'horizon, à droite et à gauche du point de fuite principale, et un côté qui va tendre au point de fuite principal.

Les ogives des croisées se tracent par les moyens indiqués fig. 111, planche 14, *Traité de perspective*.

Pour le monument qui est le plus à gauche et au premier plan, l'ogive qui termine le dessus de sa porte se trace de même que celles des fenêtres, et les espaces égaux qui sont au dessus s'obtiennent par l'opération donnée fig. 79, planche 7, *Traité de Perspective*.

Ce dessin est formé de plans coupés ou terrains dont on ne voit pas la base.

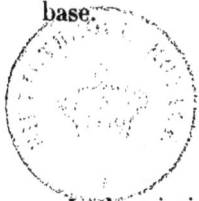

Trente-septième Planche.

Tronc de sapin.

La description de cet arbre se trouve avec la planche 23. J'ajouterai à ce que j'ai dit alors, qu'une des choses les plus importantes à représenter lorsque l'on dessine un sapin c'est la direction de ses branches, et surtout la direction des détails des masses de feuillage, car ce sont ces détails bien sentis qui contribuent à faire avancer ou reculer les branches ; il faut de même observer que

12

plus les branches se rapprochent de nous ou viennent en avant, plus les détails sont fortement prononcés.

Trente-huitième Planche.

Cour de ferme, rue de la Tour-d'Auvergne (Paris).

Cet intérieur de cour de ferme est vu de manière que le mur du fond est vu de face, ou parallèle à la surface du tableau, et les murs de droite et de gauche, ainsi que le plafond, sont vus en fuite, et leurs lignes fuyantes vont se réunir au point de fuite principal. Ainsi en prolongeant deux lignes fuyantes on obtiendra ce point.

Le mur de droite est plus clair que le mur de gauche parcequ'il est éclairé du reflet par la partie qui reçoit la lumière du soleil.

Trente-neuvième Planche.

Château de Françoise de Foix, à Châteaubriant (Loire-Inférieure.)

Le point de fuite principal est placé en face et vers le milieu de la largeur du côté du front de la tour carrée, les côtés fuyants de cette tour ne sont donc pas visibles, et si l'on veut en déterminer la profondeur il faudra le faire à volonté; cette tour carrée ne peut donc pas servir pour tracer la tour ronde qui est un peu plus éloignée qu'elle, surtout ces tours ayant leur base masquées par des broussailles, ce qui empêche de trouver leur éloignement autrement que par approximation. Il faut donc se passer de la distance pour tracer la tour ronde puisqu'elle ne peut pas être obtenue par la tour carrée, et qu'il faudrait alors la placer arbitrairement. Il vaut mieux tracer à volonté la courbe ou ligne du sommet qui sépare la tour du toit que de faire une opération; seulement il faut observer que l'horizon étant plus bas que cette courbe, elle doit baisser à ses extrémités et qu'elle doit paraître presque une ligne droite vu son grand éloignement de la base du dessin; car nous savons qu'à une certaine distance les courbes ou cercles placés horizontalement paraissent en ligne droite. Du reste, lorsque l'on dessine une courbe d'après nature on doit la tracer telle qu'on l'aperçoit.

Quarantième Planche.

Le pont du Meurthe (Auvergne).

Ce pont, qui traverse un précipice, est situé dans un endroit des plus sau-

vages; les masses anguleuses qui s'élèvent çà et là sont des roches gigantesques.

Quarante-unième Planche.

Peuplier tremble.

Cet arbre s'élève assez haut sur un tronc revêtu d'une écorce crevassée
jusqu'à une certaine élévation, à peu près la moitié de la hauteur des premières branches; dans cette partie du tronc l'écorce est de couleur brune, s'éclair-
cissant en s'élevant, et le reste est d'un blanc grisâtre; dans cet endroit, c'est à
dire dans la partie supérieure, l'écorce serait assez lisse sans des accidents d'un
ton brun noir qui l'interrompent. Ces accidents sont disposés en lignes horizontales plus ou moins larges et plus ou moins rapprochées; les uns ne sont qu'un
filet formé de petits boutons ronds qui se suivent; les autres sont des espèces de
gerçures larges, peu profondes. La base du tronc est saupoudrée d'un lichen
jaunâtre et de quelques taches blanches.

Les branches sont articulées fortement au tronc; elles sont toujours entou-
rées en dessus de leur attache d'une ligne courbe de couleur brune noire:
cette ligne redescend également de chaque côté et va se terminer vers le milieu de la grosseur du tronc ou tige principale. Ces branches sont très longues, souples et lisses, et elles sont en général tortillées, maniérées; elles sont
d'une nuance plus verte que la partie supérieure du tronc, et en s'en éloignant
elles deviennent noirâtres, rougeâtres.

Elles portent des feuilles longues ordinairement d'un pouce et demi ou deux
pouces, plus larges que longues, minces, sans poil, traversées de fines nervures brunes, et pendues à de larges pétioles, très aplaties, très faibles, et
offrant une si faible résistance à l'action de l'air que le moindre souffle fait
trembler tout le feuillage; la surface supérieure de ces feuilles est très rase
et d'un vert foncé et luisant, au lieu que la surface inférieure est veloutée et
d'un blanc assez éclatant.

Cet arbre ne peut profiter que dans les lieux très humides; son bois est fort
tendre: il fait la principale nourriture des castors; les chèvres, les moutons,
les chevreuils, les daims broutent aussi les jeunes branches de cet arbre ou
mangent ses feuilles.

On emploie ce bois dans quelques ouvrages de menuiserie; il n'est pas
employé pour le chauffage parcequ'il brûle très vite et donne peu de chaleur: en Lorraine les paysans en font des allumettes.

Le tremble était consacré à Hercule, qui s'en fit une couronne pour descendre aux enfers.

Quarante-deuxième Planche.

Terrain descendant (vue de Franche-Comté).

Ce dessin est une explication du *Traité de perspective*, planche 15, fig. 118. Comme l'horizon est très élevé, plus que les fabriques, toutes les lignes fuyantes font l'effet de monter.

Quarante-troisième Planche.

Hêtre.

Le hêtre, en latin *fagus*, qui selon Virgile et Pline provient du mot grec *phagô*, je mange, fut probablement ainsi nommé par les anciens pour faire entendre qu'on peut manger ses fruits.

Cet arbre est très commun dans les forêts; il est de première grandeur et produit un très bel effet par la majesté et la régularité de son port. Son tronc est droit, assez épais, revêtu d'une écorce lisse de couleur ordinairement grisâtre; mais ce ton est tellement varié suivant l'endroit qu'habite l'arbre, qu'il y en a de très clairs dans ceux qui se trouvent placés à la lisière des bois et dans les clairières, et de très foncés, presque noirs, tant leur couleur est vigoureuse, dans ceux de l'intérieur des forêts; cette écorce grise est taché d'un lichen blanc qui la recouvre par partie; par opposition ce lichen paraît plus blanc sur les troncs vigoureux que sur les gris-clairs. Il est aussi bien moins considérable sur les troncs foncés, sur lesquels on ne le trouve que par-ci par-là, et par taches rondes et ovales, tandis que ceux de la lisière des forêts en sont tellement couverts qu'ils en deviennent presque blancs. Il est aussi à observer que ce lichen blanc se verdit en approchant de la base du tronc. Le hêtre a aussi son écorce recouverte par partie d'une mousse verte foncée, presque noire, glacée en dessus d'un beau vert brillant. La base du tronc se termine par des côtes-racines qui interrompent sa grosseur et lui donne un air de solidité. Ces racines s'étendent souvent au loin sur la terre, y rentrant et ressortant plusieurs fois. Quelquefois le lierre monte après son écorce, s'y adapte, et forme des effets très piquants.

Les branches du hêtre sont obliques, se dirigeant de bas en haut, et formant avec le tronc de l'arbre un angle à peu près demi-droit. Elles sont articulées fortement par une attache volumineuse, qui rend souvent la tige principale plus grosse à l'attache d'une branche que plus bas ; ces branches étant longues et fort minces, leur poids les fait plier et retomber plus ou moins suivant la hauteur à laquelle elles se trouvent placées ; celles qui sont le plus bas ou le plus près de la terre retombent le plus, mais toutes se relèvent vers leur extrémité, qui se termine par des rameaux d'une grande finesse, ce qui donne à la silhouette de cet arbre une grande légèreté.

La couleur des branches est en général la même que celle du tronc, mais elle varie de teinte suivant l'heure du jour et la manière dont elles sont éclairées par le soleil ou qu'elles se trouvent dans l'ombre ; éclairées fortement par un jour vif, elles apparaissent de leur couleur naturelle ; si les rayons du soleil viennent à les frapper elles en empruntent la couleur, ce qui les rend dorées à midi et rougeâtres vers le moment du coucher de cet astre ; dans l'ombre, leur position les fait paraître de tons tout différents. Celles placées vers les extrémités et reflétant le ciel sont bleuâtres ; dans l'intérieur de l'arbre, elles sont verdâtres par reflet du feuillage : cette couleur est d'autant plus prononcée qu'elles se trouvent plus assombries par de grandes masses.

On peut établir en principe que les arbres à écorce blanchâtre empruntent, réfléchissent les couleurs qui leur sont opposées, que par conséquent leurs branches dans l'ombre sous les feuilles doivent paraître verdâtres, et qu'il faudra les représenter de cette couleur, si l'on veut les rendre vigoureuses sans qu'elles soient dures et discordantes ; cette observation se retrouve dans les tableaux de Poussin, de Claude le Lorrain, de Ruïsdal et d'autres grands maîtres.

Les feuilles du hêtre sont un peu fermes, ovales, arrondies, longues de deux pouces au plus, un peu pointues, traversées de nervures obliques parallèles, et portées sur des pétioles courts ; ces feuilles sont d'un vert luisant.

Le hêtre s'élève jusqu'à quatre-vingts pieds ; il vit environ cent ans ; il vient dans tous les terrains, excepté dans ceux qui sont marécageux ; il prospère dans les sols crétacés ou pierreux bien mieux que tout autre arbre.

Il habite dans les forêts de l'Europe et de l'Amérique septentrionale, et se plaît de préférence sur le penchant des montagnes : celles de Suisse en sont couvertes ; on l'y trouve à la même hauteur que les sapins ; ceux-ci occupent les parties tournées vers le nord, et les hêtres les pentes méridionales.

Le bois du hêtre est très utile pour le charronnage et la menuiserie ; les sabots, chaussure ordinaire des habitants des montagnes, sont fabriqués généralement avec ce bois. Dans les Pyrénées, aux environs de Saint-Jean-Pied-

13

de-Port, on en fait des rames qu'on descend à Bayonne, d'où elles sont transportées dans les ports de l'Océan.

Les faînes, fruits du hêtre, servent comme les glands à la pâture des animaux frugivores, surtout des porcs, qui en sont avides, et de la volaille, qu'ils engraissent promptement; mais l'avantage précieux de ces fruits c'est de fournir en abondance une huile qui peut remplacer toutes les autres dans la préparation de nos aliments. Les forêts d'Eu et de Crécy ont donné dans une seule année plus d'un million de sacs de faînes, et en 1779 celles qu'on recueillit dans la forêt de Compiègne fournirent plus d'huile qu'il n'en faudrait aux habitants du pays pour un demi-siècle.

Dans l'antiquité, Jupiter de Dodone est quelquefois nommé *Phégone*, ce qui veut dire *qui habite un hêtre*, parcequ'il se trouvait à Dodone un hêtre que les oracles avaient rendu célèbre, et dans lequel le peuple croyait que Jupiter avait fixé sa résidence.

Quarante-quatrième Planche.

Un Aqueduc. — (Italie.)

Cet aqueduc est vu en fuite; il est formé de piliers ou arcades semblables, terminées par des demi-cercles; cette planche est très simple comme opération: c'est une application du *Traité de perspective*, planche II, figures 96 et 97, et planche 24, figures 165 et 166.

Quarante-cinquième Planche.

Tilleul.

Le tilleul est un grand arbre qui, par son port gracieux, le bel ombrage et la verdure de son feuillage, fait l'ornement des promenades, des jardins, des bosquets; lorsqu'il est en fleurs il répand une odeur douce qui parfume les airs.

Son tronc est droit, cylindrique; il est recouvert d'une écorce presque lisse, sillonnée de crevasses peu profondes et assez distantes; son contour est uni et rarement des côtes-racines l'accompagnent à sa base.

L'écorce est d'un ton gris-brun un peu rosé, légèrement jaunâtre en approchant de la terre; dans les massifs et les endroits couverts, les lichens qui poussent sur cette écorce sont peu nombreux, disposés par taches arrondies, éloignées l'une de l'autre; leur couleur est vert-jaune et gris-blanc. Dans les lieux découverts et aérés, le lichen blanc domine; quelquefois il couvre la presque totalité de l'écorce; cette écorce est aussi ornée d'une mousse d'un beau vert foncé, glacé d'émeraude, principalement à la base du tronc, sur les attaches et le dessus des branches.

Les branches sont disposées à peu près comme celles de l'orme, mais elles sont plus fines et plus longues. Les jeunes pousses sont d'une belle couleur noire, pourpre, noir-orange.

Les feuilles du tilleul sont presque rondes, dentées par les bords et terminées en pointe; elles sont soutenues par de longues queues et posées alternativement sur les branches.

Cet arbre, qui s'élève presque à cinquante pieds, croit naturellement dans les bois; alors il a des feuilles plus petites que lorsqu'il est cultivé dans les parcs, les jardins, etc. Il se plaît principalement dans les terres qui ont beaucoup de fond, surtout si elles sont plus légères que fortes et un peu humides; en général, il se plaît là où ses racines ont la liberté de s'étendre; dans les terres argileuses alliées de sable il acquiert une grosseur prodigieuse; Duhamel dit en avoir vu que quatre hommes avaient de la peine à embrasser; il ne devient pas gros dans les terrains secs, arides et pierreux.

Il habite la France, l'Espagne, la Suède, le Danemark, la Bohême; Pallas l'a observé dans presque toute la Russie. On le trouve dans la Nouvelle-Angleterre, à la Louisiane, au Canada, etc.

C'est le tilleul qui a servi à faire l'expérience de physique végétale par laquelle on a prouvé que de la tête d'un arbre on peut en faire les racines, et des racines la tête.

Il acquiert quelquefois une grandeur et une grosseur monstrueuses. Ray parle d'après Evelin d'un tilleul mesuré en Angleterre qui, sur trente pieds de tige, avait environ quarante-huit pieds de circonférence, c'est à dire seize pieds de diamètre, ce qui surpasseroit de beaucoup le fameux tilleul du duché de Wurtemberg, qui avait fait donner à la ville de Neustadt le nom de *Neustadt An-der Grossen Linden* (la ville du grand tilleul). Ce dernier n'avait que neuf pieds de diamètre, mais il était d'une élévation prodigieuse. Miller, auteur anglais, dit avoir vu un tilleul qui avait trente pieds de tour à deux pieds au dessus de terre. Thomas Brown fait aussi mention d'un arbre de cette espèce qui avait quarante-huit pieds de tour à un pied et demi au dessus de terre, et quatre-vingt-dix pieds de hauteur.

Le tilleul servait aux anciens à quelques usages; il a, dit Pline, entre l'écorce et le bois plusieurs tuniques ou écorce moyenne, membraneuse, dont on fait des liens; les plus minces, appelés *philiræ*, sont célèbres par l'emploi qu'en faisaient les anciens pour les bandelettes de leur couronne. Ils se servaient aussi pour écrire de cette écorce, quand elle était récente.

Dans le temps de la ligue, chaque parti maître d'un village plantait un tilleul dans la place principale : si l'on était chassé du village, le parti vainqueur abattait le tilleul de l'ennemi et en replantait un autre.

L'intérieur de l'écorce fournit aux pêcheurs de Suède des nattes pour prendre du poisson, et aux bergers de la Carniole et de quelques autres contrées une toile, à la vérité grossière, mais qui leur sert néanmoins à se soustraire aux injures de l'air.

Dans la Suisse, la Carniole, la Norwége et la Suède, on conserve avec soin les feuilles du tilleul pour la nourriture des troupeaux. Le bois de cet arbre est mis au nombre des bois blancs et légers ; on le coupe aisément ; il est peu susceptible d'être attaqué par les vers, et il a l'avantage, quoiqu'il parvienne à une grande hauteur, de ne pas se creuser ; c'est pourquoi on en livre dans les ports de gros troncs pour faire les figures de l'avant des bâtiments de mer ; le tilleul n'a aucune de ses parties qui n'ait son utilité, soit pour la médecine, soit pour les arts.

Quarante-sixième Planche.

Vue de la ville de Jaën en Espagne.

Quarante-septième Planche.

Saule Pleureur.

Le saule pleureur, ou parasol du Grand-Seigneur, est admis dans les bosquets, les parcs et jardins de plaisance ; il s'élève à peu près à la hauteur de vingt pieds ; son tronc est revêtu d'une écorce glabre d'un brun noirâtre ; les branches sont tortillées, courbes ; les pousses des extrémités sont longues, grêles et pendantes de tous côtés ; elles sont garnies de feuilles longues alternes, petiolées, étroites, lancéolées, de la longueur de quatre à cinq pouces sur un demi-pouce de large, aiguës à leurs deux extrémités, glabres sur leurs deux faces ; d'un vert tendre en dessus ; les pétioles sont très courts.

Cet arbre est originaire du Levant ; il se trouve même en Egypte ; il est aujourd'hui devenu précieux pour les âmes sensibles ; il est sorti des bosquets pour orner la tombe de ceux dont nous pleurons la perte. « Il semble, dit Duhamel, que ce soit dans l'homme un besoin, une sorte de jouissance de chercher dans les objets qui l'environnent l'image allégorique de ses passions, de ses affections. » Les fleurs lui fournissent des guirlandes pour ses jours de fêtes. Le laurier ceint le front du guerrier ; le lierre celui des poètes, et le myrte couronne la tête des amants. La douleur a aussi ses emblêmes ; long-temps le noir cyprès a ombragé ces tombeaux, mais la vue de son feuillage d'un vert sombre semble n'inspirer que l'affreuse idée d'une nuit éternelle. On lui préfère le saule pleureur ; ses rameaux longs, pendants, offrent l'image d'un être accablé de douleur, dont la tête penchée sur une urne sépulcrale la recouvre d'une longue chevelure éparse et négligée ; son feuillage touffu, d'un beau vert, soulage l'ame dans son affliction ; celui du cyprès la déchire et n'offre que le crêpe ténébreux de la mort.

Quarante-huitième Planche.

Ruines d'un couvent de Carmélites à Rouen.

Quarante-neuvième Planche.

Massif de Pins sauvages.

Le *pin sauvage*, nommé aussi pin vulgaire, pin de Russie, pin de Genève, pin de Tarare, pinastre, et par corruption dans les Vosges pinasse, est un arbre résineux, conifère, qui s'élève droit à la hauteur de quatre-vingts pieds et plus, aux expositions du nord, dans les endroits humides ; tandis qu'il reste bas et souvent tortu dans les lieux secs, arides ou exposés au midi. Lorsque cet arbre croît en forêt pressée son tronc est nu de branches, les plus basses sont très éloignées du sol ; mais s'il vient isolé, il est chargé dès sa base de rameaux étalés. Le tronc est revêtu d'une écorce épaisse, crevassée, écailleuse, friable ; ces écailles, qui ont l'air de s'enlever facilement, sont cependant très solides ; elles laissent voir dans les gerçures profondes qui les séparent qu'elles sont en grande quantité l'une sur l'autre ; ces gerçures sont prononcées forte-ment jusque vers le tiers de la hauteur de l'arbre et elles finissent par disparaî-tre entièrement vers le sommet de l'arbre. Le tronc en sortant de terre est rond, rarement il est accompagné de côtes racines. Le petit nombre de troncs tortil-lés que l'on rencontre sont toujours placés accidentellement entre des rochers ou dans des endroits très rapides. La couleur générale du tronc et de son prolon-gement comme tige principale est, depuis sa base jusqu'au tiers à peu près de sa hauteur, d'un ton gris-jaune, gris-violet ; le reste ainsi que les branches sont de couleur terre de Sienne brûlée ; ce qui contraste agréablement avec le beau vert du feuillage de cet arbre. Lorsqu'on étudiera le tronc du pin il faudra observer que par la disposition des écailles les gerçures paraissent bien plus

14

profondes sur les côtés du tronc que vers le milieu ; par conséquent c'est sur
les côtés que se trouvent les vigueurs, ce qui est l'inverse des autres arbres à
écorce gercée.

Les branches du pin sont disposées par verticilles, deux à quatre ensemble,
quelquefois jusqu'à cinq ou six ; d'abord un peu redressées dans leur jeunesse,
mais ensuite étendues horizontalement : leur disposition constante et invariable autour du tronc indique d'une manière certaine l'âge de l'arbre, en comp-
tant chaque entre-nœud pour une année. Les feuilles éparses sur les rameaux
ou, pour mieux dire, disposées en double spirale, sont linéaires, étroites, raides,
demi-cylindriques, très glabres, d'un vert un peu glauque, enveloppées deux
à deux à leur base par une gaîne courte, de manière que leurs deux faces aplaties se regardent, et que ces deux feuilles appliquées l'une contre l'autre en
sortant de la gaîne forment un cylindre qui a environ une demi-ligne de diamètre. Ces feuilles persistent pendant quatre ans sur l'arbre, et elles ne tom-
bent ordinairement qu'au commencement de la cinquième année ; il reste
après leur chute à la place de leur insertion une impression sur les rameaux
qui les rend un peu raboteux.

Les grandes ou petites masses de feuilles sont allongées en ovale afin de
correspondre à la forme des feuilles ; la couleur du feuillage est vert-gris brillant, plus ou moins blanchâtre ; l'intérieur des masses est d'un ton chaud,
occasionné comme dans le sapin par une partie des feuilles les plus anciennes,
qui étant mortes ou prêtes à mourir se détachent et prennent un ton coloré
de terre de Sienne naturelle ; joint à cela la couleur des jeunes rameaux qui
est brune, terre de Sienne brûlée.

Le terrain sous les pins est couvert de feuilles desséchées, ce qui lui donne
une teinte qui contraste heureusement avec les pointes de rochers de différentes nuances, les plantes vertes et les bruyères couvertes de fleurs roses.

Le pin sauvage est robuste et agreste à l'excès ; il croît spontanément dans
une grande partie de l'Europe, surtout dans le nord et dans les pays de montagnes ; il est commun en France, dans les Alpes, les Pyrénées, les Vosges ;
on le trouve en Bourgogne, en Auvergne, aux îles d'Hyères, etc., etc. Duhamel
dit qu'il pousse indifféremment dans la zone glaciale, dans la zone torride
et dans la zone tempérée, qu'il est dans toute sa force entre soixante et quatre-
vingts ans. J'emprunte à ce savant naturaliste la description suivante :

« La nature n'a pas voulu que les parties de notre globe sur lesquelles le
« soleil ne laisse jamais tomber que des rayons obliques, et qui pendant une
« grande partie de l'année sont privées de son influence vivifiante, ou celles
« dont l'élévation considérable au dessus du niveau commun de la terre rend
« la température analogue à celle des premières, fussent jamais entièrement

« dépouillées de cette verdure qui fait la parure des contrées les plus favorisées
« du ciel, et sans laquelle le règne végétal semble en quelque sorte privé de
« vie. Les pins et les sapins en conservent l'image dans ces climats, au milieu
« des hivers les plus rigoureux, et les arbres des contrées froides sont aussi
« parés de leur feuillage quand ceux de vos contrées, sous un ciel moins
« rigoureux, en sont entièrement dépouillés. Les pins et les sapins sont aussi
« communs vers le nord qu'ils sont rares vers l'équateur, et les espèces
« qu'on y rencontre ne croissent que sur les montagnes et dans les lieux les
« plus élevés.

    « C'est dans la famille des pins que se trouvent les arbres les plus élevés
« de la nature; plusieurs atteignent une hauteur extraordinaire, ce sont les
« géants du règne végétal. L'*Araucaria* du Chili s'élance jusqu'à deux cent
« soixante pieds, et le pin de Weimouth ou *pin du Nord*, dans les États-Unis
« d'Amérique, jusqu'à cent quatre-vingts; le pin de *Laricio*, sur les mon-
« tagnes de la Corse, élève quelquefois sa cime à cent cinquante pieds, tandis
« que son tronc en acquiert vingt-quatre de circonférence; enfin le *Mélèze*,
« les sapins d'Europe atteignent souvent cent vingt pieds de hauteur. La vie
« de ces arbres répond par sa durée à leurs dimensions gigantesques; le cèdre
« du Liban vit plusieurs siècles, le pin sauvage peut vivre jusqu'à quatre
« cents ans.

    « Les pins et les sapins semblent être sur les Alpes un dernier et puissant
« effort de la végétation, après lequel elle n'a plus assez d'énergie pour pro-
« duire autre chose que d'humbles arbrisseaux et d'autres plantes basses et
« rampantes; les forêts qu'ils y forment à une élévation moyenne, entrecou-
« pées de prairies, sont une sorte de ceinture qui sépare les régions inférieures
« des véritables contrées alpines. Ces arbres n'ont pas besoin pour croître
« d'un sol profond et fertile; les espèces qui habitent les plaines s'y trouvent
« surtout dans les lieux arides et sablonneux. Les rameaux de la plupart des
« arbres de ces deux genres sont disposés symétriquement en rayons et par
« étages autour de la tige principale; leur ensemble forme une pyramide
« majestueuse. »

Le pin sauvage est d'une grande utilité pour la marine, car il produit le
meilleur bois pour les mâtures, et cet arbre est aujourd'hui du plus grand
intérêt pour toutes les nations maritimes de l'Europe; en outre les peuples du
nord l'emploie à une infinité d'usages; ils en construisent leurs maisons; ils
en font des meubles, des traîneaux, des torches pour s'éclairer pendant la nuit;
son écorce extérieure leur sert à remplacer le liége pour quelques usages,
comme celui de soutenir sur l'eau les filets des pêcheurs. En Laponie, où le pin
sauvage est très commun, les habitants font avec son écorce extérieure, qui

contient un principe muqueux et nutritif, une sorte de pain ; en Suède on en fait également du pain en le mêlant avec de la farine de seigle.

On fait aussi avec la résine jaune qu'on retire du pin sauvage, en la fondant sur une mèche, une espèce de chandelle qui répand une lumière faible et rousse ; les pauvres gens en font une grande consommation sur les ports de mer. Les Canadiens creusent les gros troncs de cet arbre et en font de grandes pirogues d'une seule pièce.

Chez les anciens le pin était consacré à Cybèle : il est ordinairement représenté auprès de cette déesse. Lorsque ses prêtres célébraient ses mystères ils couraient armés de thyrses, dont les extrémités étaient des pommes de pin ornées de rubans. La pomme de pin était employée dans les sacrifices de Bacchus, dans les orgies et les pompes de ce dieu ; le pin était aussi consacré au dieu Sylvain, car celui-ci est souvent représenté tenant une branche de pin dans la main ou des fruits du même arbre. Une jeune nymphe nommée Pitys fut, dit la fable, aimée en même temps du dieu Pan et du dieu Borée. Pan, irrité de ce qu'elle préférait son rival, la jeta de rage avec tant de violence contre un rocher qu'elle en mourut ; Borée, touché du malheur de Pitys, pria la terre de la faire revivre sous une autre forme : elle fut changée en un arbre que les Grecs appelèrent de son nom Pitys ; cet arbre semble encore verser des larmes par la liqueur qu'il répand quand il est agité par le vent Borée. Les sacrifices mystérieux offerts à Isis et à Cérès étaient toujours éclairés par la lumière des éclats de pin enflammés. Cérès se servit de torches de pin pour chercher sa fille Proserpine, enlevée par le dieu des enfers.

Les jeunes mariés n'emmenaient leur nouvelle épouse dans leur maison que la nuit, et des torches de pin les précédaient toujours dans leur marche ; ces flambeaux d'un bois résineux étaient aussi d'un usage consacré dans les cérémonies expiatoires, et pour les rendre plus propres à servir à cette detination on les enduisait de cire et de soufre. L'usage de brûler pour s'éclairer des éclats de différents bois était très commun avant l'invention des bougies et des chandelles, qui ne remonte pas plus haut que le xiiie siècle.

Théophraste raconte que les pins du mont Ida produisaient souvent une telle surabondance de résine que tout le bois, l'écorce et la racine même en étaient pénétrés ; ce qui finissait par faire mourir l'arbre, qui alors était, disait-on, métamorphosé en torche. Le bois du pin était aussi employé à la construction des bûchers, sa grande combustibilité le rendait propre à cet usage ; Virgile le dit en nous représentant les Troyens occupés à rendre les derniers devoirs à Misène. Chez les Grecs, les vainqueurs aux jeux recevaient une couronne faite de branches de pin.

Le peuple ayant jeté des pierres contre Vatenius, qui donnait un spectacle de gladiateurs, les édiles firent défense de jeter dans l'arène autre chose que des pommes ; alors on y jeta des pommes de pin, sur quoi le jurisconsulte Casélius, consulté si des pommes de pin étaient censées des pommes, répondit que toutes les fois qu'elles seraient jetées contre Vatenius elles seraient des pommes. On plaçait sur les autels d'Esculape des pommes de pin, afin de se rendre ce dieu favorable. La pomme de pin est employée dans les beaux-arts comme ornement de sculpture.

Cinquantième Planche.

Vue de l'entrée d'Ermenonville.

Les deux tours rondes surmontées d'un toit en cône se tracent par le moyen indiqué fig. 104 et 105, planche 12 du *Traité de perspective.*

Cinquante-unième Planche.

Etude terminée de tronc de châtaignier.

Cinquante-deuxième Planche.

Le lac Katrine en Ecosse.

Ce lac est entouré de montagnes arides sur lesquelles on trouve quelques maigres buissons et de la bruyère ; le ciel de cette contrée est presque continuellement couvert de nuages.

Cinquante-troisième Planche.

Etude terminée de tronc de charme.

Beaucoup de mousse, de côte-racines et de bizarreries accompagnent ordinairement le tronc du charme.

Cinquante-quatrième Planche.

Vue prise du pont de Meyringen, dans le canton de Berne.

Cette planche est une étude de lointains et principalement de montagnes : j'ai tâché de rendre leur aspect aussi juste que possible.

Cinquante-cinquième Planche.

Acacia.

Etude d'acacia faite près de la porte d'Auteuil.

Cinquante-sixième Planche.

Eglise d'Avon, près de Fontainebleau.

Cinquante-septième Planche.

Cèdres du mont Liban.

Le cèdre est l'aërès des anciens ; c'est un arbre qui a été renommé de tous les temps, et qui autrefois ne croissait que sur le mont Liban. Il ressemble beaucoup au pin, et principalement au sapin.

Cinquante-huitième Planche.

Etude d'intérieur de forêt.

Cette planche rénuit des arbres de différentes espèces, tels que chêne, hêtre, châtaignier, bouleau, etc., etc.

Cinquante-neuvième Planche.

Cascade de Bruar, en Ecosse.

Cet eau court avec une grande vitesse entre des rochers de granit. Le pont que l'on aperçoit dans le fond est de construction romaine.

Soixantième Planche.

La cabane de J.-J. Rousseau, à Ermenonville.

FIN DE LA PREMIÈRE PARTIE DU COURS DE PAYSAGE.

AVIS IMPORTANT.

J'ai donné en soixante planches le plus d'études que j'ai pu, tâchant de les combiner de manière que quiconque n'a pas encore dessiné le paysage puisse, partant des premières notions, arriver au plus compliquées sans éprouver de grandes difficultés. J'ai dû dans les explications insister pour forcer l'élève à apprendre la perspective, base, ou pour mieux dire grammaire du dessin ; à cet effet je l'ai renvoyé souvent aux principes contenu dans mon *Traité de perspective pratique pour dessiner d'après nature.*

Présentement, le supposant capable de dessiner d'après nature, en se rendant compte de la position des fabriques et de la direction de leurs lignes fuyantes, de la forme des ombres portées, des reflets, des réflexions sur la surface des eaux, puis du caractère ou physionomie des arbres suivant les différentes espèces, etc., etc., je vais dans une seconde série de planches donner quelques études de détails, que j'ai dû omettre, et dont il est temps de parler ; je traiterai principalement *de la perspective aérienne* ou perspective de l'air et des effets divers résultant de causes accidentelles ou des variations de l'atmosphère, suivant les saisons et les climats, etc.

TABLE DES MATIÈRES.

FIN DE LA TABLE.

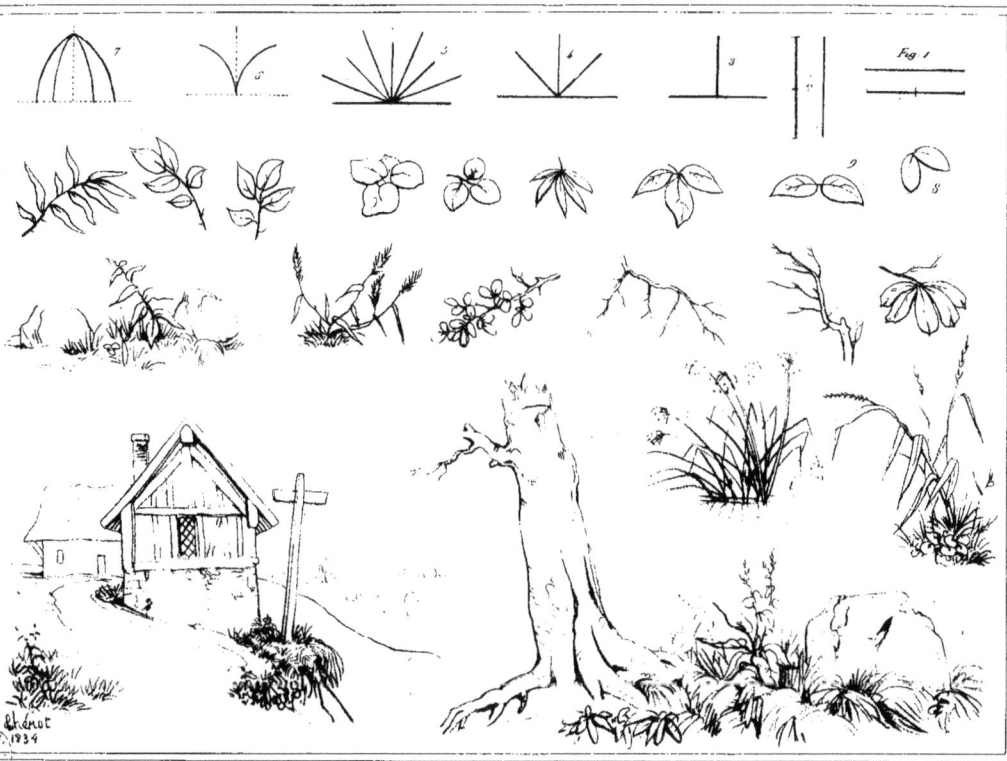

Pl. 11

Fig 1

Chénot
1834

à Bièvre.   aux Batignolles.   aux Echelles (Savoye)   près Sèvres.

N.º 1 at Bièvre.   N.º 2 at Batignolles.   N.º 3 at the Scales (in Savoy)   N.º 4 near Sèvres.

in Bièvre.   in Batignolles.   bey in Echelles (Savoyen)   bey Sèvres.

Pl. 3.

Lith. de Thierry Frères, succrs de Engelmann & Cie.

Chêne.	Hêtre.	Orme.	Bouleau.
N.° 1. Oak.	N.° 2. Beech-tree.	N.° 3. Elm.	N.° 4. Birch-tree.
Eiche.	Buche.	Ulmbaum.	Birke.

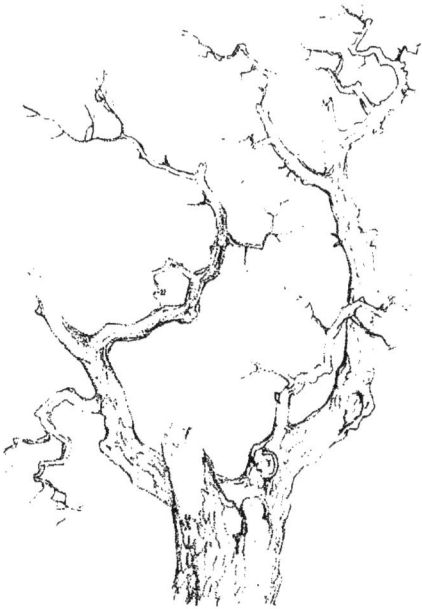

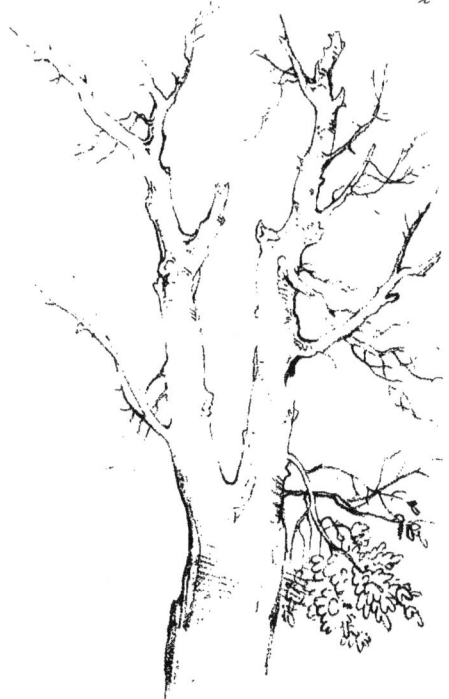

Pl. 4.

Lith de Thierry Frères, succ.rs de Engelmann & Cie.

Chêne.	Hêtre.	Orme.	Bouleau.
N.o 1 Oak.	N.o 2 Beech-tree.	N.o 3 Elm.	N.o 4 Birch-tree.

Pl. 5.

Chenot.

Chenot

Lith. de Thierry Frères, succr.rs de Engelmann & Cie.

à Montmartre.

N.º 1. at Montmartre

auf Montmartre.

Rocher près de Reville. (Meuse.)

N.º 2 Rocks near to Reville (Meuse)

Felsen bey Reville (Maas)

Lith. de Thierry frères, succ.rs de Engelmann & C.ie

Tilleul.
N.° 1 et 2. Lombardvert
l'Inde.

Fabriques à Boulogne (Seine)
N.° 3 et 4. Fabricks in Boulogne.
Gebauden in Boulogne.

lith. de Thierry Frères, succ.rs de Engelmann & C.ie

Fabriques à Suresne.
Fabricks in Suresne.
Fabriken in Suresne.

Pl. 8.

Lith. de Thierry Frères, sur l.re de Engelmann & C.ie

Saule.

Sallow tree.

Weide.

Pl. 97.

Pont sur la Bièvre.   Pont joignant des Rochers à Yssatson (Pyrénées)

N° 1   Bridge on the Bièvre.   N° 2   Bridge joining rocks at Yssatson (Pyrénées)

Pl. 2. N.

1.

2.

3.

4.

Ch. Eng. —

Lith. de Thierry Frères, succr. de Engelmann & Cie

Du dessin des arbres.

Drawing of trees.

Baum-Zeichnung.

hénol del.   lith: Th. Delarue

Dégradation perspective des clairs, des ombres & des détails.

Cheret

Lith. de Thierry Frères, succr. de Engelmann & Cie

Troncs de Châtaigniers.
Trunk of Chesnut-trees.
Stamm von Kastanienbäume.

1

2

Ch'enot

Lith. de Thierry Frères, Direct. des Engelmann & C.

Branche de Chêne.

N° 1. Branch of an Oak.

Eichen Ast.

Sommet de Sapin.

N° 2. Summit of a fir tree.

Tanne.

Chênot

Lith. del Thierry Frères Succr de Engelmann & Cie

Tronc de Hêtre
Trunk of a Beech-Tree
Buchen-Stamm

Pl. 15.

Horizon

Lith. de Thierry Frères Succrs. de Engelmann & Cie.

Tour carré (Sardaigne.)
No.1 Square Tower (Sardinia.)

A Sassenage (Dauphiné.)
No.2 At Sassenage (Dauphiny)

Pl. 10.

A la Hérelle (Picardie)
At la Hérelle (Picardy)
In Hérelle (Picardie)

Pl. I.

Tronc de Chêne.
Trunc of Oak tree.

Lith. de Thierry, frères Succ. de Engelmann & Cie

Pl. 18.

Au Calvaire.

a Courbevoie.

N.º 1   To the Calvaire   N.º 2   To Courbevoie.

Pl. 49.

Chérot 1835

Lith. de Thierry frères succ. de Engelmann & Cie

Platrieres à Clignancourt - Montmartre.

Nᵒ1. Lime-Pits to Clignancourt Montmartre.
Gypsgrube zu Clignancourt Montmartre.

Châlet près de Meyringen (Suisse.)

Nᵒ2. Cabin near Meyringen (Switzerland.)
Sennhütte bey Meyringen (Schweitz)

Pl. 20.

Saule.

Lith. de Thierry frères, succ. de Engelmann & Cie.

Pl. 211.

Lith. de Thierry frères.

Etude de Grès, faits dans la Forêt de Fontainebleau.
Study of rocks in the Forest of Fontainebleau.
Stein Partien aus dem Walde von Fontainebleau.

Pl. 22.

1.

Chenot

2.

Lith. de Thierry frères

N.º 1

Vue de la tour dit Château de Poïme
(tour inférieure)

View of the tower called the Château de Poïme.

Ansicht des Schloss Johannes von Poïme.

N.º 2

Vue de la tour de François 1.er
et de l'entrée du port du Havre.

View of the tower of Francis the 1.st
and the entrance into the port of Havre.

Ansicht des Thurmes François 1.en
am Eingang in den Hafen zu Havre.

Pl. 28.

Lith de Thierry frères

Sapin.

Fir - tree

Tanne

Pl. 240

Lith. de Thierry frères

Moulin de la Cage à l'île St Ouen.
The Windmill called the Cage at Isles St Ouen.
Mühle auf der Insel St Ouen.

Lith. des Thierry frères.

Bouleau.

Birch tree.

l'Eichenbaum.

Pl. 26.

Peuplier

Pl. 27.

Lith. de Thierry frères

Moulin à eau à Sivry sur Meuse.
Water Mill at Sivry sur Meuse.
Wassermühle in Sivry sur Meuse.

Lith. de Thierry frères.

Cerisier.

Cherry - tree.

Kirschbaum.

Lith de Thierry frères

Platane.

Plantanus occ.

Ulmm

Pl. 30.

Lith. de Thierry frères

Orme et Fontaine de Ville d'Avray.

Beech-tree and fountain of Ville d'Avray.

Ulmenbaum und Brunnen zu Ville d'Avray.

Chêne.

Oak.

Crfc

Lith de Thierry, quai.

Intérieur

Interior.

Innere Ansicht.

Pl. 33.

Chénot

Lith. de Thierry frères.

Tronc de Marronnier.

Trunct of Horse Chesnut tree.

Rosskastanienstamm.

Pl. 84.

Lith de Thierry frères.

À Saint Martin (Oise)

Marronnier.

Horse Chesnut tree.

En.Iacastacaeias.

Pl. 36.

Vue prise près les bords du Rhin.
A view taken from the borders of the Rhine.
Ansicht nght der Rhein-Ufer.

Pl. 87.

Lith. de Thierry frères.

Tronc de Sapin.

Trunk of Fir-tree.

Cour de ferme. (Paris.)
A farm yard. (Paris.)
Mayerhof. (Paris.)

Pl. 40.

Theinst delt.

Lith. de Thierry frères.

Le pont du Meurtre (auvergne)

The Bridge of Murder (Auvergne)

Die Mord Brücke (Auvergne)

Pl. 40.

Thénot del.   Lith. de Thierry frères.

Tronc de Tremble.
Trunk of Aspen tree.
(Espèce)

Terram descendant, vue de Franche-Comté
(Ground descending (prospect of Franche-Comté))
(Abfang. Ansicht in Franche-Comté)

Thenot del.   Lith. de Thierry frères

Hêtre.
Beech tree.
Buchbaum.

Lith. de Thierry frères.

Aqueduc ; Italie ;

An Aqueduct ; Italy ;

....

Thirné del.   Lith. de Thierry frères.

Tilleul.

leur tige

Tilleul

Lith. de Thierry frères.

Jaën (Espagne)
Jaën (Spanien)
Jaën (Spain)

Pl. 78.

Lith. de Thierry frères.

Saule pleureur à Ecouen.
Weeping Willow.
Trauerweide.

Lith. de Victor, Rouen

Ruines d'un Couvent de Carmélites à Rouen

Ruins of a Convent of Carmelites at Rouen

Ruinen eines Carmeliter-Kloster in Rouen

Pl. 49.

lith de Thierry frères

Pin.

Pin.

Scotia.

Pl. 50.

Chenot

Lith. de Thierry frères

Entrée d'Ermenonville.
Château de Ermenonville
environs de Ermenonville

Pl. 51.

lith de Thierry frères

Châtaignier

Chesnut-tree

Kastanienbaum.

Pl. 25.

Lith. de Thierry frères.

Le Lac Katrine. (Ecosse.)

Loch Katrine (Scotland.)

Der Katrinen-See. (Schottland.)

Pl. 53.

Cherot

lith. de Thierry Frères

Tronc de Charme.
Trunk of Yoke elms
Hagebuchenstamm

Lith. de Thierry Frères.

Vue prise du Pont de Meyringen (Canton de Berne.)
View taken from the bridge of Meyringen (Canton of Berne.)
Ansicht von der Brücke von Meyringen (Canton Bern.)

Lith de Thierry Frères

Acacia.

Acacia.

Akazienbaum.

Lith. de Thierry Frères

Église d'Avon, près de Fontainebleau.
The church of Avon, near Fontainebleau.
Die Kirche von Avon, bey Fontainebleau.

Pl. 57.

Lith. de Thierry Frères.

Cèdres du mont-Liban.
Ceder-trees of mount Libanus.

Lith. de Lemercier à Paris

Intérieur de Forêt
Interior of a Forest
Innere eines Waldes

Pl. 59.

Lith. de Thierry Frères

Cascade de Bruar, en Écosse.
Water fall of Bruar, in Scotland.

Pl. 60.

Lith de Lemercier à Paris

Cabane de J.J. Rousseau à Ermenonville
J.J. Rousseau's Cottage at Ermenonville
Hütte von J.J. Rousseau bei Ermenonville

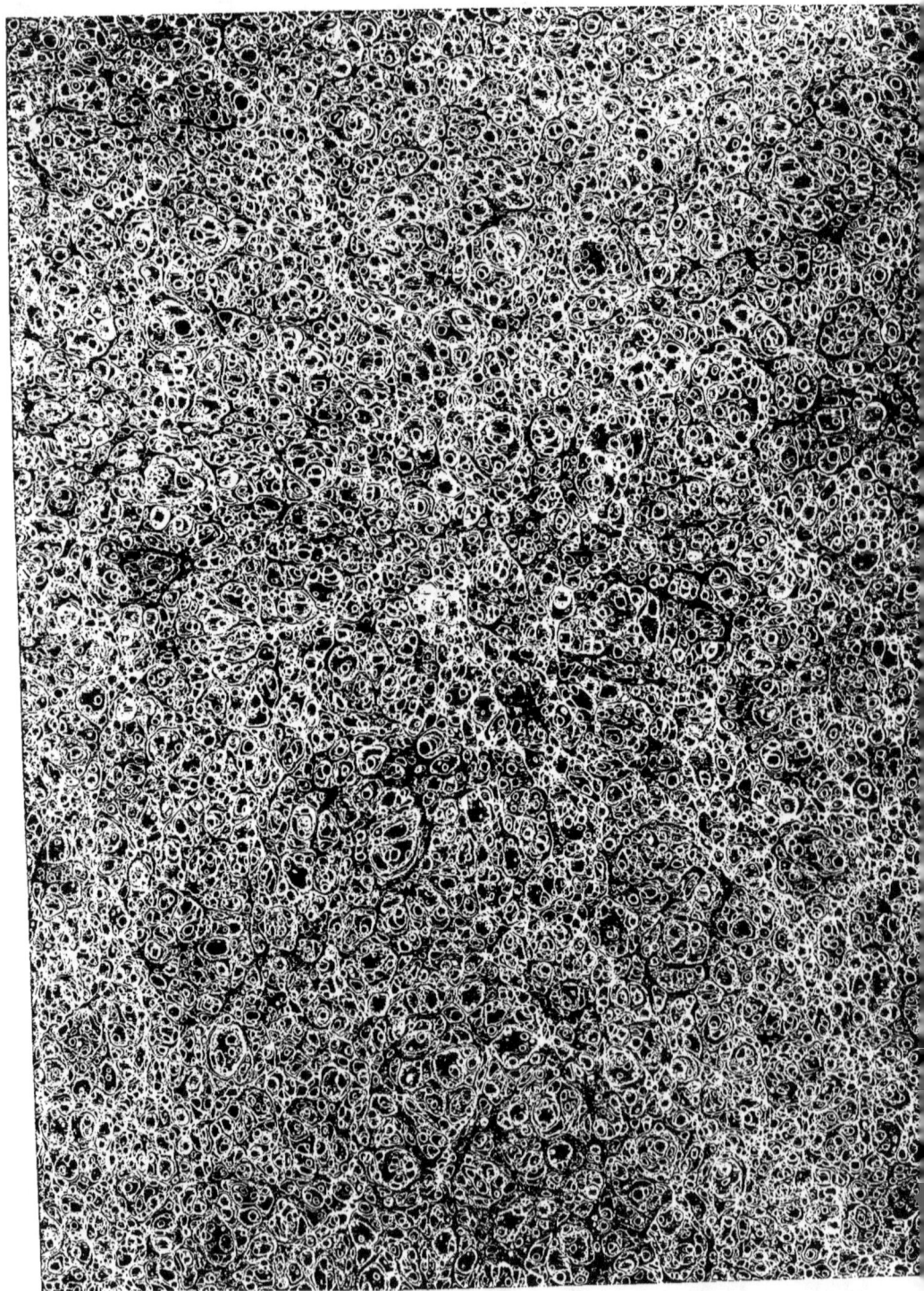

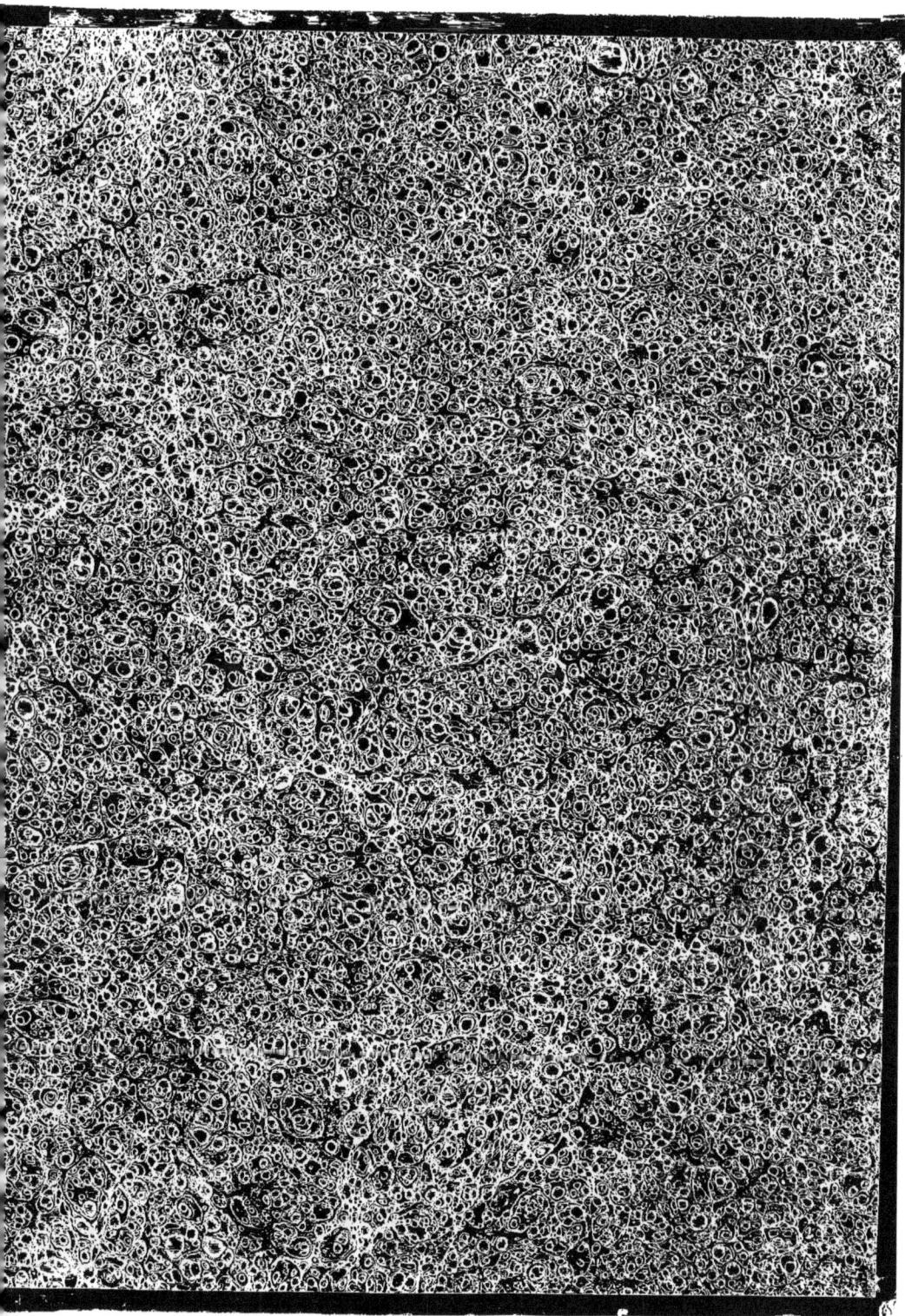